智慧物流与智能制造两业融合背景下物流人才培养研究

蒙瑞珍 ◎ 著

中国商业出版社

图书在版编目（CIP）数据
智慧物流与智能制造两业融合背景下物流人才培养研究 / 蒙瑞珍著. -- 北京 : 中国商业出版社, 2024. 10.
ISBN 978-7-5208-3169-7
Ⅰ. F252
中国国家版本馆 CIP 数据核字第 2024VX7656 号

责任编辑：李　飞
（策划编辑：蔡　凯）

中国商业出版社出版发行
（www.zgsycb.com　100053　北京广安门内报国寺 1 号）
总编室 :010-63180647　　编辑室 :010-83114579
发行部 :010-83120835/8286
新华书店经销
安徽中皖佰朗印务有限公司印刷

787 毫米 ×1092 毫米　　16 开　　8.5 印张　　173 千字
2025 年 1 月 第 1 版　　2025 年 1 月 第 1 次印刷
定价：58.00 元
* * * *
（如有印装质量问题可更换）

前言

国家发改委2020年9月发布《推动物流业制造业深度融合创新发展实施方案》指出，制造业是国民经济的主体，是全社会物流总需求的重要来源，而物流业是支撑国民经济的基础性、先导性、战略性产业。两业融合能更快促进国民经济的发展，人工智能技术等新技术的应用，推动智能制造领域生产方式的变革，进而使传统物流向智慧物流方向转型升级。两业融合过程中出现的新发展动向，人才供需关系发生转变，智慧物流发展中岗位能力需求发生变化。物流领域传统的一线就业岗位大量减少，不断衍生出智慧物流背景下新的就业岗位。以学生就业为导向，高等职业院校迫切需要培养出能够胜任智慧物流岗位，同时具备人机交互能力以及熟悉物流操作管理和生产制造流程的复合型人才。

随着物联网技术、大数据技术、人工智能技术等行业前沿技术的不断创新与发展，物流业与制造业、智能化等的结合也使得制造业物流人才出现较大缺口。各大网站的招聘信息显示，物流企业对仓储管理人员、物流专员、材料管理人员等传统业务岗位人才需求逐渐减少，对生产物流管理人才、智慧物流工程人才、供应链管理人才等需求正在增加。物流业与制造业的融合，互联网、大数据等技术的应用使系统性的复合型岗位诞生，因此，新型岗位对人才的需求较高，如“AI数据分析工程师”“数据分析型采购专员”“数据分析型仓管专员”“智慧仓储规划设计师”“供应链管理师”等。

本书从智能制造背景下智慧物流的特点入手，了解第三方物流企业为了适应社会生产方式的变革，在智能化时代通过全方位的智能化改造，不断优化物流功能和物流系统；分析智能制造背景下，智慧物流在业务流程和功能效果等方面的特点；分析智慧物流与智能制造两业融合的现代物流管理人才的岗位能力需求；分析两业融合背景下人才培养目标定位、课程体系重构思路与高职院校师资队伍建设路径；分析两业融合下职业院校物流人才培养路径。

在本书撰写过程中，参阅、借鉴和引用了国内外同行的观点和成果，课题组吕利平、张雪、庞天天、续隆强以及来自企业的毕忠诚、李浩、马利宏等也给予了极大的帮助，在此，一并表示衷心感谢。

由于作者水平所限，书中错误、疏忽、不妥之处在所难免，恳望读者批评纠正。

蒙瑞珍
内蒙古电子信息职业技术学院

序

党的二十大报告提出“建设高效顺畅的流通体系，降低物流成本”。在新时代发展格局下，物流业扮演着越来越重要的角色。中国物流业的新时代将由智能物流引领开启，借助互联网、物联网、大数据、云计算、人工智能、区块链等技术手段，对传统物流业进行智慧化的创新。因此，智慧物流的蓬勃发展对智慧物流人才的需求也更加迫切。培养智慧物流人才，需要围绕生产物流、商贸物流等多维度应用场景，培养学生跨行业、跨学科、跨专业的综合实践能力以及数字化技能思维。

“两业融合”概念在2010年4月全国现代物流工作部际联席会议中首次提到，“深度融合”概念在2020年8月国家发改委联合13个部门联合印发的《推动物流业和物流业深度融合发展的实施方案》中被首次提到。该文指出，制造业是国家经济发展的根基，也是物流需求的主要来源，统筹推动物流业降本增效提质和制造业转型升级，促进物流业制造业协同联动和跨界融合，延伸产业链，稳定供应链，提升价值链，是实现实体经济高质量发展和现代化经济体系建设的重要前提。

“深度融合”包含五个关键环节：第一，企业主体融合发展；第二，设施设备融合联动；第三，业务流程融合协同；第四，标准规范融合衔接；第五，信息资源融合共享。涉及的六个重点工作领域包括大宗商品、生产物流、消费物流、绿色物流、国际物流以及应急物流。2021年3月16日，国家发改委发文《加快推进制造服务业高质量发展的意见》，指出我们要构建包含产业链、供应链、价值链、人才链以及创新链的生态系统，强调从联动融合走向生态融合。《加快推进制造服务业高质量发展的意见》中明确指出关于制造服务业发展的六个重点方向：第一，要提升我国产业创新能力；第二，优化制造业供给质量，提升效率，绿色发展；第三，提高制造业生产效率；第四，支撑制造业绿色发展；第五，增强制造业发展活力；第六，推动制造业供应链创新应用。同时也是顺应经济全球化及制造业和服务业融合发展的大趋势。

目录

第一章 概念界定.. 1
1.1 智能制造.. 1
1.2 智慧物流.. 8
1.3 两业融合的历程.. 12
1.4 两业融合下智慧物流人才.. 33
第二章 文献综述.. 36
2.1 两业融合大事记.. 36
2.2 两业融合的研究现状.. 37
第三章 智能制造背景下的智慧物流人才需求分析.. 49
3.1 智慧物流产业链分析.. 49
3.2 就业面向及岗位分析.. 52
3.3 岗位职业能力分析.. 55
3.4 两业融合下智慧物流人才岗位综合分析.. 72
第四章 智能制造背景下的智慧物流人才培养路径.. 76
4.1 重新定位培养目标.. 76
4.2 重构课程体系.. 79
4.3 打造创新型教学团队.. 104
4.4 改善实践教学条件.. 110
第五章 总结.. 113
附录一.. 114
附录二.. 120
参考文献.. 126

第一章　概念界定

1.1　智能制造

1.1.1 什么是制造

制造，包含“制”与“造”两层含义。“造”相对比较简单，就是生产。但制造不只是生产，“制”在英文中有“系统”的含义，在中文释义中，也包含有制度、方法、标准和规范等意思。由于“制”的含义非常广泛，宏观的“制造”包括产品策划、方案设计、产品设计、工艺设计、生产过程、生产交付、运行、维护维修、管理、决策等重要环节和复杂管理体系。

改革开放初期，我国浙江、江苏、福建和广东沿海涌现出大量的“三来”加工，它们使用国外的设备、国外的原材料、国外的图纸和工艺进行产品加工，最后再销往国外。这里所说的“三来”加工，就是代生产，或者叫转包生产。在“三来”加工过程中，从原材料的采购、入库、出库、运输，到工人根据图纸和工艺手册操作相关的设备，把原材料加工成满足需求的各类产品，这个完整的过程都根据国外已经规定好的相关标准进行，所以只能称之为“造”，并不是严格意义上的“制造”。

制造并不等同于生产，两者不能混为一谈。生产仅仅解决产品生产过程中的具体问题，而制造涉及产品研发、产品设计、工艺设计以及生产过程，同时涉及产品生产过程中的管理、产品的交付，以及交付之后的维护、维修和运行。除了产品的研发、生产、交付及服务，企业的运行也必须符合整个制造体系。企业非常复杂，一个工业企业包括产品供销、财务管理、质量管理、生产管理等一系列流程。我国制造业大而不强，根本问题就出在研发能力不足上。而研发能力归根结底就是创新能力。

我国制造业发展主要分为四个阶段：

第一阶段：1949—1977 年属于自我发展阶段；

第二阶段：1978—2000 年属于学习代工阶段；

第三阶段：2000—2010年属于全球化阶段，伴随加入WTO，我国制造业以劳动力优势以及资源优势得以迅速发展，成为“世界工厂”；

第四阶段：2011年至今，既是迈向高质量发展的阶段，也是我国从制造大国转型成为制造强国的阶段。

2015年我国提出“中国制造2025”计划，2025年是第一个十年，这也是中国作为制造强国所提出的第一个战略性行动纲领。

1.1.2 “智能”是什么

智能制造就是为传统的制造赋予智能，这里的“智能”就是指“人工智能”。传统的人工智能，通俗地讲就是将专家学者的知识、经验、方法等验证无误的内容编译成软件，由计算机执行的过程，也就是说人工智能是把人的知识转化为计算机的知识。计算机支持软件运行，生成模型，完成工业产品的研制、生产、运行、综合管理等复杂过程。

研发是产品创新的源泉，制造业过去是基于实物制造，也就是爱迪生的试错法，而今后的制造，实际上是在千百年来人类大量知识积累的基础上，进行的“智能制造”。如果没有实物产品制造的知识，那么就没有产品知识、工业知识、设计知识、工艺知识、生产制造知识、设备维护维修知识、管理知识和销售服务知识等，我们把人类经反复验证后成熟的知识编制成工业软件，由计算机来执行，这就是智能制造。

探讨知识管理和知识工程，我们需要学习西方提出的DIKW（D即数据Data；I即信息Information；K即知识Knowledge；W即智慧Wisdom或智能Intelligence）模型。我的解读就是把数据采集出来、提炼形成信息，信息关联起来形成知识，再优化迭代成了知识体系，知识升华就会产生智慧和智能（见图1-1所示）。

数据（Data）可视为人们认知中相同语义的具体表现形式。通常，数据代表着具体的事实或观察结果的存在语义确认，并通过与认知主体已有认知对象的存在性包含的某些相同语义对应而确认为相同的对象或概念。在处理数据时，人们常常寻求并提取标定该数据的特定相同语义，进而依据对应的相同语义将它们统一视为一个相同概念。例如，当人们看到一群羊时，虽然每只羊可能在体型、颜色、性别等方面略有不同，但人们会将它们归入“羊”的概念，因为它们共享了人们对“羊”这个概念的语义理解。相同语义可以是具体的如识别手臂时，可以根据一个硅胶手臂与人的手臂的手指数量的相同、颜色的相同、手臂外形的相同等相同语义进行确认硅胶手臂为手臂，也可以通过硅胶手臂不具有真实手臂的可以旋转对应的由“可以旋转”定义的相同语义，而判定其不是手臂。

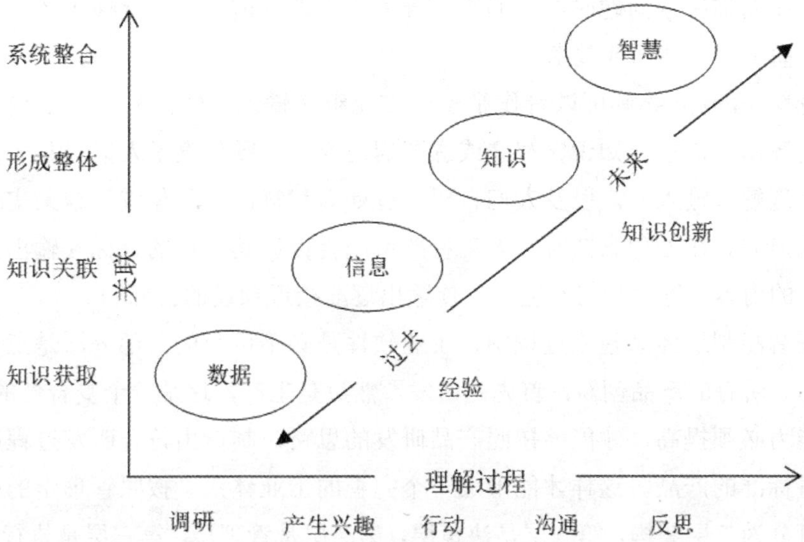

图 1-1 DIKW 模型解读

信息（Information）则对应认知中不同语义的表达。通常情况下，信息指的是通过特定意图将认知 DIKWP 对象与认知主体已经认知的数据、信息、知识、智慧或意图联系起来，产生新的语义关联。在处理信息时，人们会根据输入的数据、信息、知识、智慧或意图，找出它们被认知的 DIKWP 对象的不同之处，对应不同的语义，并进行信息分类。例如，在停车场中，尽管所有的汽车都可以归入“汽车”这一概念，但每辆车的停车位置、停车时间、磨损程度、所有者、功能、缴费记录和经历都代表着信息中不同的语义。信息对应的不同语义经常存在于认知主体的认知中，常常未被显示表达出来。例如，抑郁症患者可能用自己情绪“低落”来表达自己当前的情绪相对自己以往的情绪的下降，但这个“低落”对应的信息因为其对比状态不被听众了解而不能被听众客观感受到，从而成为该患者自己主观的认知信息。

知识（Knowledge）对应于认知中的完整语义。知识是通过观察和学习获得的对世界的理解和解释。在处理知识时，人们通过观察和学习抽象出至少一个完整语义对应的概念或模式。例如，通过观察人们得知所有的天鹅都是白色，这是人们通过收集大量信息后对“天鹅都是白色”这一概念的完整认知。

智慧（Wisdom）对应伦理、社会道德、人性等方面的信息，是一种来自文化、人类社会群体的相对于当前时代固定的极端价值观或者个体的认知价值观。在处理智慧时，人们会整合这些数据、信息、知识、智慧，并运用它们来指导决策。例如，在面临决策问题时，人们会综合考虑伦理、道德、可行性等各个方面的因素，而不只是技术或效率。

意图（Purpose）可以看作是一个二元组（输入、输出），其中输入和输出都是数据、信息、知识、智慧或意图的内容。意图代表了人们对某一现象或问题的理解（输入），以及人们希望通过处理和解决该现象或问题来实现的目标（输出）。在处理意图时，人工智能系统会根据其预设的目标（输出），处理输入的内容，通过学习和适应，使输出逐渐接近预设的目标。

在智能制造体系建立过程中，工业软件是必不可少的一部分，是工业知识的结晶。所有的产品创新，首先是研发，然后是生产，这是一个复合性的过程。生产能力必须提高，才能够按照产品研发的思路，制造出符合研发过程所制定的质量标准的产品。这样才能形成一个完善的工业体系。按照管理学的理论，企业可分为三层架构，第一层是决策层，第二层是管理层，第三层是执行层（如图 1-2 所示）。一个工业企业，它的智能体现在决策层和管理层，而不是执行层。企业的执行层，包括库存、物流配送以及生产线在内，即便使用大量的机器人、数据采集分析设备，仍然属于自动化范畴，而非智能化范畴。

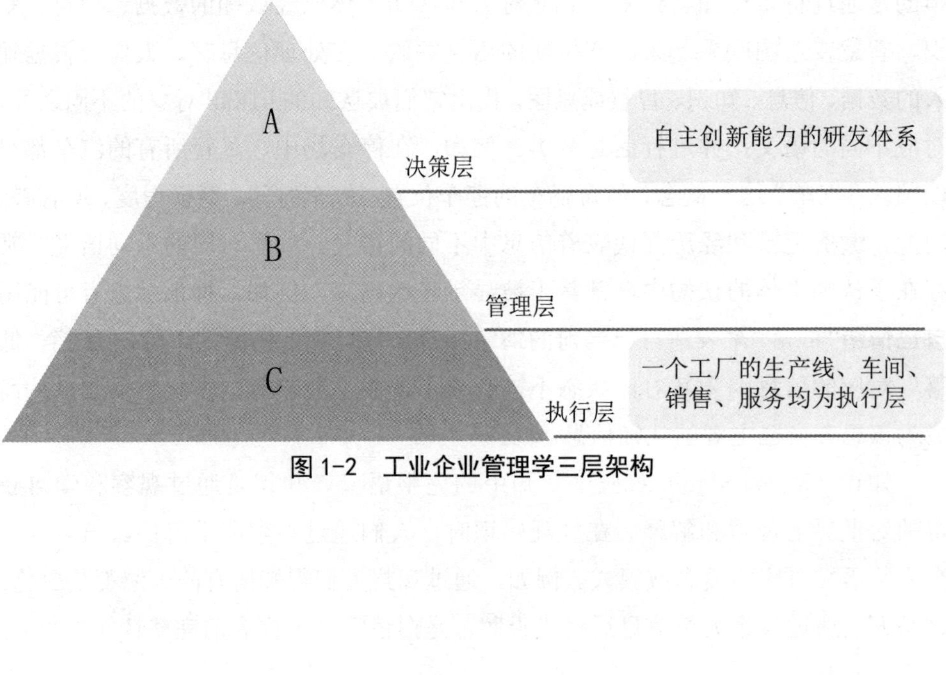

图 1-2　工业企业管理学三层架构

1.1.3 智能制造是什么

智能制造是将人类长年累月积累的制造经验编制为软件，将原来由人执行的任务转为由计算机来执行。因此，智能制造就包含了产品研发、产品设计、工艺设计、生产过程管理、批生产交付、运行维护、大修维修等，当然它还涉及复杂的管理体系。所以说，即便是在全自动化车间、无人工厂、黑灯工厂中，生产线、物流配送全由机器人负责，甚至库房也实现了全自动化，依旧不能算智能制造。

在过去很长一段时间里，许多人错误地认为智能制造就是自动化的生产方式。认为机器人换人、无人工厂、黑灯工厂就是智能制造的“代表”。实际上，这是对智能制造非常片面的认知：机器人换人，解决的是生产现场的手工劳动问题；无人工厂、黑灯工厂解决的是生产线的人工控制问题。类似地，无人仓储、无人物流也不能代表智能制造。自动化设备在得到手动或自动输入的控制指令后，通过系统闭环，根据传感器所获取的反馈信号，就可以依照人的意愿自动执行一系列任务。在整个自动化系统中，最重要的依旧是控制端。它离不开人的控制，什么时候开始、什么时候结束，都需要由人来决定。自动化系统可以替代人完成繁重的体力劳动，甚至辅助人完成一些简单的脑力劳动，但终究无法替代人作出最终的决策。也就是说，无论是机器人换人、黑灯工厂，还是无人仓储，都是在工作现场实现了无人化，并不是真正地实现了智能制造。智能制造是一套复杂的技术和管理体系，仅仅讲生产过程的智能化是不够的。

智能制造的本质，简单来说可以归纳为三句话：第一，软件化的工业技术；第二，软件定义的生产关系；第三，生产关系的优化和重构。简而言之，用软件控制数据的自动流动，解决复杂产品的不确定性，这就是智能制造。

智能制造是国际公认实现工业体系转型升级的新一代工业技术，是先进制造技术与新一代信息技术、新一代人工智能等深度融合成的人机一体化智能系统。它以产品全生命周期价值链的数字化、网络化和智能化集成为核心，以企业内部纵向管控集成和企业外部网络化协同集成为支撑，以物理生产系统及其对应的各层级数字孪生映射融合为基础，建立起具有动态感知、实时分析、自主决策和精准执行功能的智能工厂进行赛博物理融合的智能生产，实现高效、优质、低耗、绿色、安全的制造和服务。

智能制造的核心主题：

（1）智能生产

基于制造运营管理系统的生产网络，生产价值链中的供应商通过生产网络可以获得和交换生产信息，供应商提供的全部零部件可以通过智能物流系统，在正确的时间以正确的顺序到达生产线。利用数字孪生模型，为真实的物理世界中物料、产品、工厂等建立一个高度真实仿真的“孪生体”，以现场动态数据驱动，在虚拟空间里对定制信息、生产过程或生产流程进行仿真优化，给实际生产系统和设备发出优化的生产工序指令，指挥和控制设备、生产线或生产流程进行自主式自组织的生产执行，满足用户的个性化定制需求。

（2）智能工厂

智能工厂重点研究智能化生产系统和过程，以及网络化分布式生产设施的实现。智能工厂是智能制造中的一个关键主题，其主要内容可从多个角度来描述。数字工厂是工业化与信息化融合的应用体现。它借助于信息化和数字化技术，通过集成、仿真、分析、控制等手段为制造工厂的生产全过程提供全面管控的整体解决方案。它不局限于虚拟工厂，更重要的是实际工厂的集成，包括产品工程、工厂设计与优化、车间装备建设及生产运作控制等。数字互联工厂是指将物联网技术全面应用于工厂运作的各个环节，实现工厂内部人、机、料、法、环、测的泛在感知和万物互联，互联的范围甚至可以延伸到供应链和客户环节。智能工厂从范式维度看，智能工厂是制造工厂层面的信息化与工业化的深度融合，是数字化工厂、网络化互联工厂和自动化工厂的延伸和发展。它通过将人工智能技术应用于产品设计、工艺、生产等过程，使得制造工厂在其关键环节或过程中能够体现出一定的智能化特征，即自主性的感知、学习、分析、预测、决策、通信与协调控制能力，能动态地适应制造环境的变化，从而实现提质增效、节能降本的目标。

（3）智能物流和智能服务

智能物流和智能服务也分别是智能制造的主题之一。在一些场合下这两者也常被认为是构成智能工厂和进行智能生产的重要内容。智能物流主要通过互联网、物联网和物流网等，整合物流资源，充分发挥现有物流资源供应方的效率，使需求方能够快速获得服务匹配和物流支持。智能服务是指能够自动辨识用户的显性和隐性需求，并且主动、高效、安全、绿色地满足其需求的服务。智能制造中，智能服务需要在集成现有多方面的信息技术及其应用的基础上，以用户需求为中心，进行服务模式和商业模式的创新。因此，智能服务的实现需要涉及跨平台、多元化的技术支撑。在智能工厂中基于 CPS 平台通过物联网（物品的互联网）和务联网（服务的互联网），将智能电网、智能移动、智能物流、智能建筑、智能产品等与智能工厂（智能车间和智能制造过程等）互相连接和集成，实现对供应链、制造资源、生产设施、生产系统及过程、营销及售后等的管控。

“中国制造 2025”以体现信息技术与制造技术深度融合的数字化、网络化、智能化制造为主线，主要包括八项战略对策：推行数字化、网络化、智能化制造；提升产品设计能力；完善制造业技术创新体系；强化制造基础；提升产品质量；推行绿色制造；培养具有全球竞争力的企业群体和优势产业；发展现代制造服务业。

1.2 智慧物流

1.2.1 智慧物流的内涵

交通运输是国民经济中的基础性、先导性、战略性产业和重要的服务性行业，是我国现代物流体系建设的重要基础和关键环节。推动交通运输智慧物流发展对于加快建设交通强国，促进经济高质量发展具有重要意义。

智慧物流是物联网、人工智能、大数据、云计算、区块链等信息技术与现代物流业深度融合的新兴领域，在物流价值链上的运输仓储、包装、装卸搬运、流通加工、配送、信息服务这六项基本环节实现系统感知和数据采集的现代综合智能型物流系统。具有联通性强、融合度广、经济成本低、运行效率高、生态效益好等显著优势，代表着现代物流业的发展方向。

有别于传统物流，智慧物流人才培养侧重于智能化和信息化思维，需要更加准确地把握好智慧物流人才特征。传统物流特点表现为劳动密集、设备普通、系统应用程度低、功能单一、管理粗放，而智慧物流则是结合现代物流业发展需求，针对传统物流的缺陷和不足作出改进和优化，并在持续发展中完成创新。近年来，随着政策环境持续改善，物流互联网逐步形成，物流大数据和云服务的广泛普及，智慧物流模式创新性被进一步凸显，人工智能也渐渐崭露头角。

关于智慧物流的具体特点，学者们各自给出不同答案。

房殿军教授认为，智能制造中，智慧物流只有同时具备智能化、网络化、自动化等核心特征，才能更好为智能制造服务。

胡安安等人认为，智慧物流在智能制造过程中表现出更强的多元驱动性和情景感知性，以及智能交互和智慧融合能力。

通过收集、整理、阅读大量文献，以众学者研究成果为基础，文章对智慧物流架构和运行所必需的要素进行了总结。

第一，信息技术。智慧物流以大数据、云计算等各类信息技术为基础发展形成，这些技术为智慧物流的进一步发展提供了可靠保障。

第二，智能设备。信息技术要在智能化设备的匹配下发挥作用，物流设备的智能化表现，主要体现在运输、装卸、仓储、包装等各个环节的无人操作上，相应技术支持下，物流设备的智能化特征得以彰显，物流操作任务得以更加精准地完成。

第三，智慧管理系统。智慧物流的顺利运行离不开相应规则的支持，通过注入智慧元素，管理系统在分析、推理、交互、识别，以及自决策方面体现出更强的智慧性。

总之，服务于智能制造的智慧物流在技术层面应具备超前性和驱动性，在设备层面应具备先进性和应用性，在系统层面应具备科学性和灵活性。

1.2.2 智慧物流的发展环境

（1）政治法律环境

自 2014 年以来，国家已经出台诸多政策鼓励物流行业应用高新技术推进物流产业智能化建设，旨在从政策上加强引导，加大扶持力度提高物流效率、降低物流成本、减少物流能耗，打造开放、共赢、高效、绿色的智慧物流生态体系。

有关推动物流行业和网络货运发展的部分相关政策汇总如表 1-1 所示。

表 1-1 推动物流行业和网络货运发展的部分相关政策汇总

时间	政策规划
2013 年	《关于交通运输推进物流业健康发展的指导意见》
2014 年	《交通运输部关于全面深化交通运输改革的意见》
2015 年	《国务院关于加快构建大众创业万众创新支撑平台的指导意见》 《关于推进线上线下互动加快商贸流通创新发展转型升级的意见》 《关于促进道路运输行业集约发展的指导意见》
2016 年	《关于全面推开营业税改征增值税试点的通知》 《国务院办公厅关于深入实施“互联网 + 流通”行动计划的意见》 《关于转发国家发展改革委员会营造良好市场环境推动市场交通物流融合发展实施方案的通知》 《交通运输部办公厅关于推进改革试点加快无车承运物流创新发展的意见》
2017 年	《交通运输部、财政部、国家铁路局、中国民用航空局、国家邮政局、中国铁路总公司关于鼓励运输企业创新发展的指导意见》 《交通运输部办公厅关于做好无车承运试点运行监测工作的通知》 《国家税务总局关于跨境应税行为免税备案等增值税问题的公告》 《货物运输业小规模纳税人申请代开增值税专用发票管理办法》 《关于开展互联网物流平台企业代开增值税专用发票试点工作的通知》 《货物运输业小规模纳税人申请代开增值税专用发票管理办法》 《关于收费公路通行费增值税电子普通发票开具等有关事项的公告》 《交通部运输厅关于进一步做好无车承运人试点工作的通知》

续表

时间	政策规划
2018 年	《交通运输部办公厅关于公布无车承运人试点考核合格企业名单的通知》 《关于调整增值税税率的通知》 《交通运输部办公厅关于深入推进无车承运人试点工作的通知》 《推进运输结构调整三年行动计划（2018—2020 年）的通知》 《交通运输部办公厅关于无车承运人试点综合监测评估情况的通报》
2019 年	《关于促进平台经济规范健康发展的指导意见》《网络平台道路货物运输经营服务指南》《省级网络货运信息监测系统建设指南》《网络货运信息交互系统接入指南》 《网络平台道路货物运输经营管理暂行办法》 《国家税务总局关于取消增值税扣税凭证认证确认期限等增值税征管问题的公告》 《关于开展网络平台道路货物运输企业代开增值税专用发票试点工作的通知》
2020 年	《交通运输部办公厅关于进一步做好网络平台道路货物运输信息化监测工作的通知》 《关于进一步降低物流成本的实施意见》 《交通运输智慧物流标准体系建设指南》
2021 年	《关于推进电子商务与快递物流协同发展的意见》
2022 年	《“十四五”现代物流发展规划》
2023 年	《关于加快生活服务数字化赋能的指导意见》
2024 年	国家发展改革委办公厅等 4 部门：《关于做好 2024 年降成本重点工作的通知》 工业和信息化部办公厅等 3 部门：《关于印发〈制造业企业供应链管理水平提升指南（试行）〉的通知》

（2）社会经济环境

近些年，我国对于基础设施建设以及固定资产的投资力度持续增加，在这个利好的社会环境下，我国的智慧物流配套基础设施建设高速发展，奠定了智慧物流发展的硬件基础。此外随着工业化、城镇化进程不断加快，制造企业内陆迁移也产生新的物流需求。

目前来看，智慧物流业具有广阔的市场，供需双方都对智慧物流服务有着迫切的需求。电商经济催生出的新经济模式和业态，一方面带动了物流行业规模不断壮大，另一方面带来物流服务需求碎片化和配送去中心化的新挑战。社会经济向互联网化、共享化、智能化发展，智慧物流有了很好的发展环境。

（3）科学技术环境

智慧物流发展的根基是新型的科学技术和设备，包含大数据、物联网、云计算、智能机器人等，而且这些技术也越来越广泛地被应用于物流产业，在整个智慧物流体系框架中起到关键的支撑作用。无人机、机器人等技术也在近年来发展迅速，未来将会进一步与物流行业结合，广泛应用在仓储、运输、配送等各个物流环境。飞速发展的技术环境给智慧物流发展提供了良好的基础。

1.2.3 智慧物流发展所遇问题

智慧物流行业发展迅速，但是与此同时也存在诸多痛点，随着智慧物流的深入发展，现有物流体系、结构、能力与快速变化需求不相适应的问题仍然十分突出，迫切需要采取有效措施加以解决。有哪些问题呢？

首先，智慧物流产业链缺乏战略性的规划布局、信息化程度低，对其继续深化发展产生了诸多阻滞。因此亟待加快以“互联网＋物流”为特征的智慧物流产业链建设，与上下游供应链企业形成纵向的基于逻辑和基于物理的完备智慧连接链条。

其次，尽管物流服务水平有了很大提高，但“互联网＋物流”在地区、行业等方面的应用水平依然不平衡，服务电子商务的快递物流基础设施发展方式粗放，并且协同不足。

最后，智慧物流缺乏专业型人才，高端行业人才的匮乏已经成为阻碍智慧物流行业发展的主要因素。建议相关部门加快完善物流企业的人才培育制度，以适应智慧物流新业态与新商业模式的变革。

1.2.4 智慧物流未来发展之路

面对这些问题，智慧物流行业未来该如何发展呢？助力通认为，智慧物流发展离不开社会、政府、企业及个体的有力支持，要多方发力才能推动智慧物流产业发展。

在政策层面，要注意政策的导向作用，积极完善支持智慧物流发展的政策措施，完善智慧物流产业链监督机制。在产业层面，要促进智慧物流产业链一体化，引导结构升级，创新物流产业运作管理模式。在平台层面，要加强物流标准和信息平台建设，重视数据的应用，从而建立智慧物流的标准化体系。在技术层面，要加强智慧物流技术和运营模式的创新，引导物流企业日常经营活动向数据化发展。在运营层面，要更加注重创新共享的合作模式，以创新驱动智慧物流基础建设，推动智慧物流协作发展。在人才层面，更要建立多渠道来培养综合型智慧物流人才模式，通过培养智慧物流新型人才，来提升智慧物流产业链的活力。

所以助力通的未来，智慧物流将不断通过数字化、智能化的技术来革新传统物流流程，针对客户需求打造多场景数字化物流，从而降低物流成本、提高流通效率、拓展延伸服务，实现物流行业的突破与发展。

1.3 两业融合的历程

两业融合发展是顺应新一轮科技革命和产业变革，以及增强制造业核心竞争力、培育现代产业体系、实现高质量发展的重要途径。近年来，我国两业融合程度不断加深、趋势不断增强，许多行业、企业探索形成了各具特色的融合发展模式。但目前来看，产业融合发展的范围不够广、程度不够深、水平不够高，支撑引领经济高质量发展的作用还不明显。今后一个时期，要深刻把握产业融合的规律和趋势，坚持改革创新，围绕重点行业和领域，培育多元化融合发展主体，探索特色融合发展路径，促进制造业高质量发展和服务业提质增效升级。

1.3.1 先进制造业与现代服务业的两业融合

（1）响应消费需求，“推”“拉”结合是两业融合的出发点

传统的推式链条以生产制造为中心，制造商以提高生产率、降低单件产品成本获利为驱动源进行生产决策，产品生产出来后从分销商逐级推向用户的供应链。在这一供应链形式中，分销商和零售商处于被动接受地位，各企业之间的集成度较低，对需求变动的响应能力较差。推式供应链模式如图 1-3 所示。

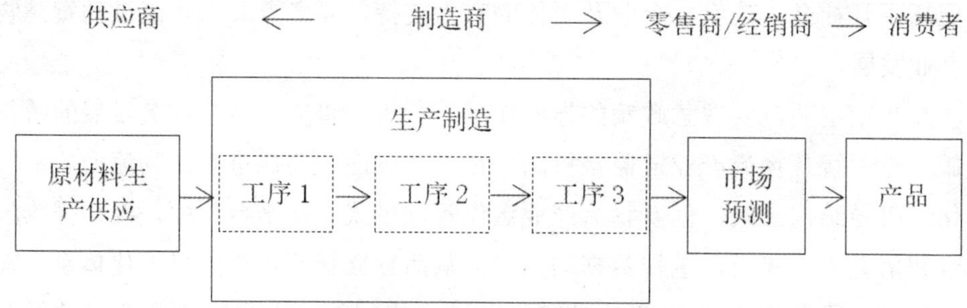

图 1-3 推式供应链模式

拉式链条迎合消费升级要求，供应链以客户订单为中心，以消费者需求为驱动，根据实际顾客需求来组织生产和安排物流，而不是基于预测需求。在这种模式下，生产活动是由需求驱动的，信息流从产品链的下游向上游流动，行业内的库存备货动力由产业链的下游推动。拉式供应链的核心在于企业根据销售部的确切订单来制订生产计划，生产量刚好满足订单需求，同时采购部会根据生产计划提出原料采购需求，或者采购部不提供采购需求，但采购部会采购适量的原辅料和包装材料，以满足生产部的需求。这种模式有助于企业降低高库存的风险，保持较低的库存水平，从而提高管理资源的能力和整个系统的成本效益。拉式供应链模式如图 1-4 所示。

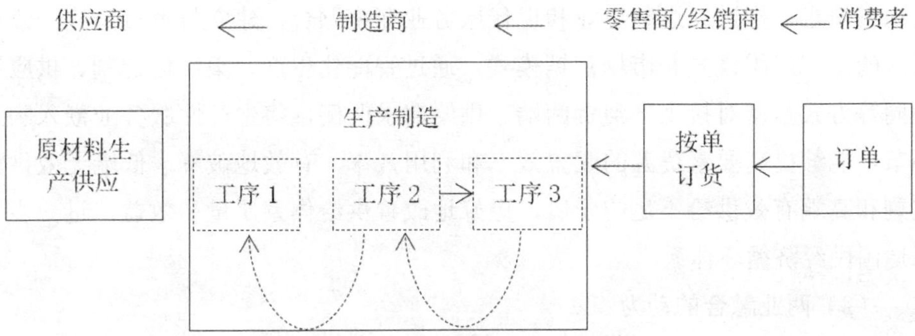

图 1-4　拉式供应链模式

“推”的优点不但在于有计划地为一个目标需求量提供平均成本最低、最有效率的产出，而且可以用现货品的实时提供把握商机创造利润；其缺点则在当市场需求不如预期而未能销货时，推得越多，库存积压的风险就越大。“拉”的优点在于其具有为顾客提供量身定制的产品与服务；其缺点则在于响应客制化需求的成本较高。供应链是为终端顾客创造价值的各种流程活动所贯穿连接上下游不同企业组织所形成的一个网络，当然供应链管理必须是顾客导向，也就是要重视所谓需求牵引（Demand Pull）“拉式”的供应链管理。除了极少数的产业可归属于完全接单生产，如订购飞机的纯拉式供应链结构，绝大多数产业的供应链是由“推式”与“拉式”两部分共同组成的。推的供应链在上游，是为“预期”的市场需求，做计划性的采购、库存与制造后续市场可能会需要的成品或半成品。拉的供应链接在推的供应链下游，在拉式的供应链部分，所有的活动都是为了要满足（fulfill）明确的订单来安排进行。整个供应链在推拉两者之间的分界点或连接点，称为订单穿透点或 OP（Order

Penetration）点。换言之，供应链整体结构在 OP 点之前是上游的推式供应链，在 OP 点之后的是下游的拉式供应链。

企业发展要与市场需求相结合。深入推动两业融合的关键点就是实现制造业与市场需求相结合，让企业的产品更好地适应市场需求，直击用户痛点提供解决方案。如果说 2020 年以前更多企业是在局部场景单点试水，那么“十四五”的这五年，这些“单点”必将加速蔓延开来，联结成一场范围更广、规模更大、层次更深的智能制造升级变革。按需求定制化、多样化的生产正成为满足新一轮消费升级的关键所在。例如，浪潮集团有限公司的智能工厂融合了智能制造和“互联网 +”的设计理念，面向客户需求实现网络下单、定制设计、柔性生产和全流程智能化控制，用更少的时间满足更多的云计算和大数据定制化产品的动态需求。推进先进制造业和现代服务业深度融合，建立与消费结构升级相适应的生产组织模式和市场营销模式，通过智能化生产、柔性化定制、供应链协同等方式紧密对接生产消费两端、供给需求两侧，将生产性服务业嵌入制造环节，能够提高要素资源的配置效率和利用效率，有效地破解了低端无效供给过剩和高端有效供给不足的矛盾，更好地改善供给体系质量和效益，进一步了畅通国民经济循环体系。

（2）两业融合的动力

坚持市场导向，市场机制是两业融合发展的根本动力。两业融合是经济发展到一定阶段和水平后，在互联网、大数据等新一代信息技术支撑下，由企业主导、市场驱动的必然产物，具有主体多元、路径多样等显著特征。推动两业融合要充分发挥市场配置资源的决定性作用，鼓励探索融合发展的新业态、新模式、新路径。

企业是最主要的市场主体，也是推动融合发展的主导力量。推进两业融合必须强化企业主体地位，支持企业通过多种方式实现对资源要素、技术研发和市场开发的有效整合。不同类型主体融合发展作用也不尽相同，发挥多元化融合发展主体的作用。主要分为以下几种类型。

①“链主”企业带动融合

“链主”企业带动产业链上下游企业分工协作与联动融通，实现资源、要素、产能、市场的深度整合与共用共享。例如，华为技术有限公司等产业链龙头企业，主要发挥其产业链引领作用，通过技术、产品、服务等领域持续创新，带动配套服务企业协同发展，实现全产业链向高端跃升。

②骨干企业引领融合

强化行业领军企业的示范引领作用，支持融合基础条件好、技术模式领先的企业在产业融合的方向、路径、模式上先行先试，形成、推广一批融合发展效果好、转型升级效应强的经验做法。例如，中国宝武钢铁集团有限公司等骨干企业，主要发挥其行业示范作用，通过先行探索提供系统解决方案，引导业内企业学习借鉴，避免走弯路。

③专精特新中小微企业灵活融合

专精特新中小微企业，主要发挥其贴近市场、机制灵活等优势，探索新业态、新模式、新路径，通过融合培育形成一批“小巨人”和“单项冠军”企业。

④平台型企业综合融合

完善华台型组织的综合服务功能，积极培育融合平台型企业，引导优势企业和上下游企业、关联企业围绕核心业务和产品共建业务信息平台、交互研发设计平台、供应链管理平台、工业云平台等，形成融合共生的产业生态圈。例如，杭州网易严选贸易有限公司、北京小米移动软件有限公司等平台型企业，主要发挥其整合资源、集聚企业的优势，构建以平台型企业为中心、众多企业参与的产业生态圈。

（3）两业融合的路径

随着信息技术的发展和扩散，一些基于工业经济时代大规模专业化分工的产业，边界逐渐模糊或消融，并在原有的产业边界融合发展出新的产业形态，成为经济增长和企业价值增长新的动力源泉。一般认为，这就是产业融合。产业融合是建立在高度专业化分工基础之上的，其实质是产业间分工的内部化，即把社会化分工转化为产业内部分工。专业化分工深化细化是产业融合的基础和前提。

先进制造业和现代服务业是相对于传统制造业和传统服务业而言的，是深度应用现代化技术、管理、模式的制造业和服务业。目前，传统制造业和服务业经过技术改造和管理创新后，也可能演进升级为先进制造业和现代服务业。两业融合是受技术进步、市场开放和制度创新驱动，通过技术渗透、产业联动、链条延伸、内部重组等途径，打破原有产业边界、促进产业交叉融合、育成新业态新模式，实现制造业和服务业相互支撑、高效协同、融合互动的动态过程，最终推动产业提质增效升级。

两业融合发展随着科技革命和产业变革不断演进、升级，是一个主体多元、路径多样、模式各异、动态变化、快速迭代的过程。这个过程既包括先进制造业和现代服务业相互渗透和互动、嵌入彼此产业链价值链体系，从而形成紧密关系，也包括制造业和服务业融为一体，形成新产业新业态。从要素层面看，服务特别是生产性服务作为制造业中间投入要素的比重不断提高，服务业在整个产业链、价值链中创造的产出和价值不断提高。从技术层面看，技术创新是两业融合发展的重要基础和前提条件，特别是新一代信息技术、人工智能等的广泛应用加速了产业融合进程，催生出众多融合新业态；从企业层面看，企业转型升级步伐加快、路径增多，一些制造业企业转型为“制造+服务”或服务型企业，一些服务业企业向制造环节延伸；从产业层面看，制造业、服务业的专业化水平不断提高，产业边界逐渐模糊，甚至消融。融合过程中也会产生两者融为一体的新产业。

两业融合的内涵如图 1-5 所示。

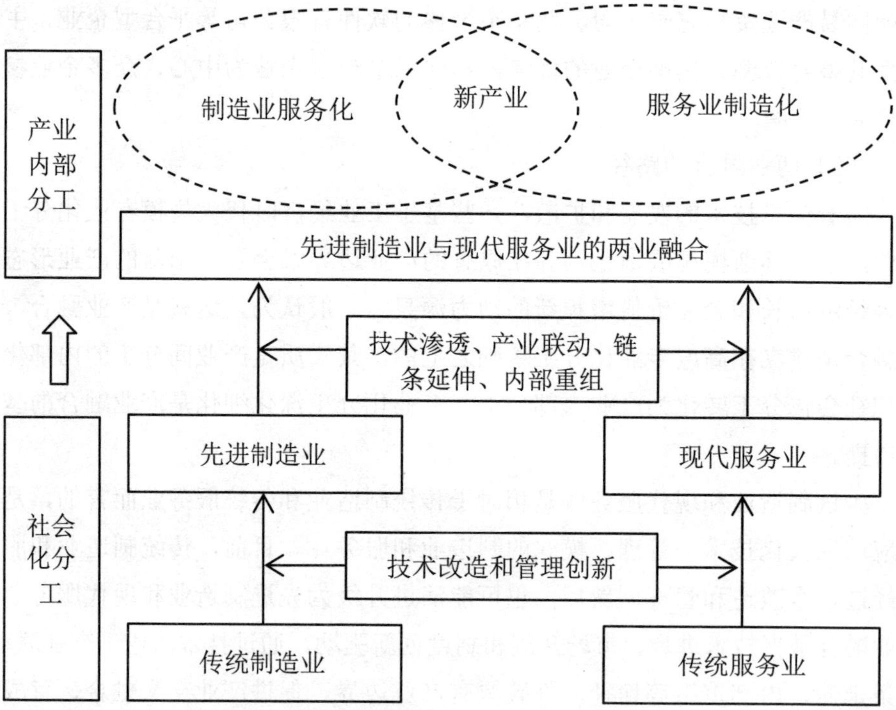

图 1-5 先进制造业与现代服务业两业融合的过程

制造业服务化，是指制造企业为了获取竞争优势，将价值链由以制造为中心向以服务为中心转变的过程。这一趋势的动力主要来源于满足顾客需求层次的变化，即顾客不再仅仅满足于产品本身，而是需要更多与产品相关的服务。其主要特点包括：一是内部服务的重要性提升。内部服务（如产品和过程开发、设计、后勤、扩展训练、岗前培训以及价值链管理等）对制造业企业竞争力的影响日益重要，已超过了传统的决定因素（如技术质量、人力资源质量、运作效率、资产数量等）。二是外部服务复杂化。与物品相关的外部服务（如维护和修理、购买融资、运输、安装、系统集成和技术支持等）对于顾客来说复杂性和重要性日益提高。

制造业服务化发展趋势包括以下几个方面。

投入服务化：服务要素在制造业的全部投入中占据越来越重要的地位。这主要是由于科技进步、可持续发展理念的普及以及生产的信息化、社会化、专业化趋势的增强。

业务服务化：服务产品在制造业的全部产出中占据越来越重要的地位。许多制造业企业不再仅仅关注实物产品的生产，而是涉及实物产品的整个生命周期，包括市场调查、产品开发、生产制造、销售、售后服务等。

服务业制造化：或者说服务向制造的延伸和融合，指的是在服务业中融入更多的制造元素或制造能力，通过服务过程与制造过程的深度融合，提升服务的附加值和竞争力。这一趋势体现了服务业与制造业之间日益紧密地互动和协作，推动了产业结构的优化和升级。这种融合不仅限于传统的制造服务（如售后服务、维修服务等），更包括在服务过程中引入先进的制造技术、生产组织方式和管理理念，推动服务创新和服务升级。以海尔集团为例，海尔通过打造工业互联网平台 COSMOPlat，实现了从制造型企业向服务型企业的转型。COSMOPlat 平台不仅提供了大规模定制化的生产能力，还通过整合上下游资源，为用户提供从设计、采购、生产到物流、售后等全链条的服务。这种服务模式不仅提升了海尔的竞争力，也为用户带来了更加便捷、高效、个性化的服务体验。

服务业制造化的主要特点包括：一是服务与制造深度融合。服务业制造化的核心在于服务与制造的深度融合，通过服务过程与制造过程的相互渗透和相互促进，实现价值的共创和共享。二是技术创新驱动。技术创新是服务业制造化的重要动力，包括信息技术、制造技术、管理技术等在内的多种技术手段在服务业中的广泛应用，推动了服务模式的创新和服务效率的提升。三是产业链延伸。服务业制造化促使产业链向上下游延伸，形成更加完整和高效的产业生态系统。在服务过程中融入制造元素，可以推动服务产品的多样化、个性化发展，满足消费者日益增长的需求。

服务业制造化的发展趋势包括以下几个方面。

定制化服务：随着消费者需求的多样化和个性化，定制化服务将成为服务业制造化的重要发展方向。通过引入先进的制造技术和生产方式，服务业可以更加灵活地满足消费者的个性化需求，提升服务质量和用户体验。

智能化服务：人工智能、大数据等技术的快速发展为服务业制造化提供了有力支持。通过智能化手段，服务业可以更加精准地把握消费者需求，优化服务流程和服务模式，提高服务效率和服务质量。

绿色化服务：随着环保意识的不断提高，绿色化服务将成为服务业制造化的重要趋势。在服务过程中注重节能减排、资源循环利用等环保要求，推动服务业向绿色低碳方向发展。

（4）两业融合的方式

两业融合发展包括制造业服务化（servitization）、服务业制造化（manufacturization）两大方向。推动两业融合，必须鼓励企业根据行业领域特点，结合自身情况，进行自主探索和选择。两业融合常见的方式如下所述。

①装备制造业与服务业融合

装备制造业与服务业的融合发展，是当前产业升级和转型的重要趋势。通过实现由提供设备向提供系统集成总承包服务的转变、由提供产品向提供整体解决方案的转变以及加强产业链上下游的协同合作，装备制造业企业能够不断提升自身的竞争力和创新能力，为制造业的高质量发展贡献力量。

首先，装备制造业正逐步实现由单纯提供设备向提供系统集成总承包服务的转变。这一转变不仅要求装备制造业企业具备先进的制造能力，更要求其能够深入理解客户需求，提供包括设备、安装、调试、运营维护在内的全链条服务。通过系统集成的方式，装备制造业企业能够为客户提供更加高效、便捷、可靠的解决方案，从而提升客户满意度和市场竞争力。

其次，装备制造业与服务业的融合体现在由提供产品向提供整体解决方案的转变上。随着市场竞争的加剧，客户对于产品的需求已经不再局限于产品本身，而是更加注重产品的整体性能和解决方案的完备性。因此，装备制造业企业需要不断拓宽自身的业务范围，提升在研发、设计、咨询、金融等方面的服务能力，为客户提供更加全面、专业的整体解决方案。

此外，装备制造业与服务业的融合还需要加强产业链上下游的协同合作。

通过与原材料供应商、零部件制造商、软件开发商等产业链上下游企业的紧密合作，装备制造业企业能够形成更加完整、高效的产业链生态，提升整个产业的竞争力和创新能力。

②消费品工业与服务业融合

消费品工业与服务业融合发展的主要方向包括满足个性化、品质化需求、推进品牌化建设、发展个性化定制、全链式智能生态服务以及促进消费升级等方面。这些方向不仅有助于提升消费品工业的竞争力和创新能力，还有助于满足消费者对美好生活的追求和推动产业升级和发展。

一是满足个性化、品质化需求。随着消费者需求的日益多样化和个性化，消费品工业需要更加注重产品的品质和设计，以满足消费者对美好生活的追求。通过与服务业的融合，消费品工业可以引入更多的服务元素，如定制化服务、个性化设计等，使产品更加贴近消费者的需求，提升产品的附加值和市场竞争力。

二是推进品牌化建设。品牌是消费品工业的核心竞争力之一。通过与服务业的融合，消费品工业可以加强品牌建设和推广，提升品牌知名度和美誉度。例如，通过与广告公司、营销公司等服务业企业的合作，消费品工业可以制定更加精准的品牌定位和推广策略，提高品牌在消费者心中的认知度和好感度。

三是发展个性化定制。个性化定制是当前消费品市场的一大趋势。通过与服务业的融合，消费品工业可以引入更多的定制化服务，如在线设计、按需生产等，使消费者能够参与到产品的设计和生产过程中，满足其个性化需求。这种定制化服务不仅可以提升消费者的满意度和忠诚度，还可以为消费品工业带来更多的销售机会和利润增长点。

四是全链式智能生态服务。随着物联网、大数据等技术的不断发展，消费品工业与服务业的融合还可以向全链式智能生态服务方向发展。通过构建智能生态系统，消费品工业可以实现对产品全生命周期的管理和服务，包括产品研发、生产制造、物流配送、售后服务等环节。这种全链式智能生态服务不仅可以提高产品的品质和效率，还可以为消费者提供更加便捷、高效的服务体验。

五是促进消费升级。消费品工业与服务业的融合还可以促进消费升级。通过引入更多的高品质、高附加值的产品和服务，消费品工业可以满足消费者对美好生活的追求，推动消费升级。同时，服务业的融入还可以为消费品工业提供更多的创新元素和灵感来源，推动产业创新和发展。

③现代物流和制造业融合

现代物流和制造业融合发展主要方向是物流、快递企业融入制造业采购、生产、仓储、分销、配送等环节，推进降本增效，主要模式有如下三种。

一是嵌入式融合。物流企业直接嵌入到制造业企业的生产流程中，提供定制化的物流服务。例如，为制造业企业提供原材料采购、生产配送、成品仓储等一体化物流服务。

二是协同式融合。制造业企业和物流企业通过协同合作，共同优化供应链流程。双方共享信息、资源和技术，实现供应链的透明化和高效化。

三是产业链融合。物流企业与制造业企业在产业链上下游进行深度融合，形成紧密的合作关系。通过共同研发、技术创新等方式，推动产业链的升级和发展。

④研发设计服务和制造业融合

研发设计服务和制造业融合发展主要方向是引导研发设计企业深度嵌入制造业转型升级的关键环节，提高产业创新水平和产业基础能力。

研发设计服务深度嵌入制造业转型升级的关键环节。研发设计服务通过深度嵌入制造业转型升级的关键环节，如产品设计、工艺优化、技术创新等，为制造业提供全方位的支持。这种深度融合使得研发设计服务不再是制造业的附属品，而是成为推动制造业高质量发展的核心动力。

研发设计服务提高产业创新水平和产业基础能力。研发设计服务通过引入新技术、新工艺和新材料，推动制造业产品的持续创新。这种创新不仅体现在产品的外观和功能上，更体现在产品的性能、可靠性和用户体验上。同时，通过与制造业的深度融合，研发设计服务还能帮助制造业企业提升产业基础能力，包括制造工艺、生产流程、质量控制等方面的能力。

促进产业链延伸和价值链提升。产业链延伸：研发设计服务与制造业的融合有助于推动产业链的延伸，形成更加完整的产业生态体系。通过引入研发设计服务，制造业企业可以向上游延伸，掌握更多的核心技术和知识产权；同时，也可以向下游延伸，提供更加完善的产品和服务。价值链提升：在融合过程中，研发设计服务的高附加值特性能够显著提升制造业的价值链水平。通过提升产品的技术含量和附加值，制造业企业可以在市场竞争中占据更有利的位置。

推动制造业智能化、绿色化发展。智能化：研发设计服务在推动制造业智能化方面发挥着重要作用。通过引入智能制造技术、工业互联网等先进手段，研发设计服务可以帮助制造业企业实现生产过程的自动化、智能化和数字化。绿色化：在绿色化发展方面，研发设计服务可以通过优化产品设计、改进生产工艺等方式，降低制造业的能耗和排放水平。此外，研发设计服务还可以推动制造业企业采用环保材料和技术，实现绿色生产和可持续发展。

（5）两业融合下的产业形态

先进制造业和现代服务业深度融合，利用了现代信息技术和新型组织模式，催生出许多新业态新模式。融合发展的业态模式是企业在市场竞争中产生并经市场检验才形成的。例如，有的企业基于追求利润最大化和满足顾客需求，注重产品与服务环节的整合，提供基于产品的增值服务或系统解决方案；有的企业基于适应消费结构变化和提高生产效率，对客户需求、工艺流程和业务流程的分工协作进行重构，形成柔性化、个性化生产等新的组织模式。近年来，国内一些企业率先探索、走在前列，形成了一批新业态新模式，如华为的整体解决方案、上海电气的总集成总承包模式、深圳市怡亚通供应链股份有限公司的全程供应链整合创新等。此外，工业互联网创新应用、共享工厂、全生命周期管理服务衍生制造、工业文化旅游等新业态新模式，也在不断释放融合发展红利，成为诸多制造企业、服务企业实现转型的重要抓手。下面介绍共享工厂、柔性化定制、反向制造三种模式。

①共享工厂

共享工厂模式是一种创新的生产组织方式，其核心在于多家企业共同使用同一厂房、设备和生产线，通过资源共享、优势互补，实现高效、低成本的生产模式。随着全球化和市场竞争的加剧，传统制造业面临着成本上升、效率低下、创新能力不足等多重挑战。共享工厂模式作为一种新型的生产模式，通过资源的集约化利用，不仅降低了企业的运营成本，提高了生产效率，也有助于促进技术创新和产业升级。此外，共享工厂还为中小企业提供了一个低成本、高效率的生产平台，使它们能够更好地应对市场变化，提升竞争力。以实木家居定制共享工厂为例，该工厂通过共享生产线、设备和原材料等资源，实现了高效、低成本的生产模式。同时，该工厂还注重技术创新和品牌建设，不断提高产品质量和市场竞争力。在短短四年内，该工厂实现了产值超过 4 亿元的优异成绩，为传统行业的转型升级提供了有力支持。

共享工厂的主要特点有资源共享、降低生产成本、提高灵活性、促进技术创新、推动产业升级。

资源共享：共享工厂模式允许企业共同使用设备、劳动力和原材料等资源，充分利用现有资源，减少浪费和冗余。这种资源共享不仅降低了单个企业的固定成本，还提高了整体资源的利用效率。

降低生产成本：通过将固定成本分摊到多个企业之间，共享工厂模式显著降低了每个企业的生产成本。同时，共同采购原材料和物流等服务也能提高采购效率，进一步降低生产成本。

提高灵活性：共享工厂模式允许企业根据需求调整生产规模和产能。当一个企业需求下降时，其他企业可以使用剩余的生产能力，避免设备闲置和资源浪费。这种灵活性有助于企业更好地应对市场波动和需求变化。

促进技术创新：在共享工厂中，不同企业之间的交流和合作有助于促进技术创新。通过共同研发、技术交流等方式，企业可以共享创新成果，提高整体创新能力。

推动产业升级：共享工厂模式有助于推动制造业的产业升级。通过引入先进的生产设备、技术和管理模式，共享工厂可以提高整个产业链的竞争力，推动产业向高端化、智能化方向发展。

共享工厂的实施方式有确定合作伙伴、建立共享机制、优化生产流程、加强信息化建设。

确定合作伙伴：企业在选择共享工厂模式之前，需要找到合适的合作伙伴。这些合作伙伴应具有相似的生产需求、技术水平和市场定位，以便更好地实现资源共享和优势互补。

建立共享机制：企业需要建立合理的共享机制，包括资源共享的规则、成本分摊的方式、利益分配的原则等。这些机制应确保资源的公平、高效利用，并保障各参与方的合法权益。

优化生产流程：在共享工厂中，企业需要优化生产流程，提高生产效率。通过引入精益生产、智能制造等先进生产方式，企业可以降低生产成本、提高产品质量和交货速度。

加强信息化建设：信息化建设是共享工厂模式顺利实施的重要保障。企业需要建立完善的信息系统，实现生产数据的实时采集、分析和共享。这有助于企业更好地掌握生产情况、优化资源配置和应对市场变化。

②柔性化定制

柔性化定制模式是一种高度灵活、适应性强的生产模式，旨在快速响应市场变化和满足消费者个性化、定制化的需求。柔性化定制模式强调生产过程中的灵活性和适应性，通过灵活调整生产计划、生产流程和产品设计，以快速响应市场变化和满足顾客多样化的需求。其核心思想是“以需定产”，即根据市场需求的变化来灵活组织生产，实现生产过程的动态优化。例如，在汽车制造业中，通过模块化设计和可配置生产等手段，实现了汽车产品的快速定制和差异化生产；在家具制造业中，通过引入智能控制系统和物联网技术，实现了家具产品的个性化定制和智能化管理。其主要特点有灵活性、定制性、高效性和智能化。

灵活性：柔性化定制模式具有高度的灵活性，能够快速调整生产计划和生产流程，以适应市场需求的变化。这种灵活性不仅体现在产品种类和规格的调整上，还体现在生产节拍、生产批量等方面的灵活变化。

定制性：该模式能够满足消费者个性化的定制需求，通过模块化设计、可配置生产等手段，实现产品的快速定制和差异化生产。消费者可以根据自己的需求选择产品的款式、颜色、尺寸等要素，从而获得更加符合个人喜好的产品。

高效性：柔性化定制模式通过优化生产流程、提高自动化水平等手段，实现生产过程的高效运作。这种高效性不仅体现在生产速度的提升上，还体现在生产成本的降低和产品质量的提升上。

智能化：随着智能制造技术的发展，柔性化定制模式越来越依赖于智能化手段。通过引入智能控制系统、物联网技术、大数据分析等手段，实现生产过程的智能化管理和优化，进一步提高生产效率和产品质量。

柔性化定制通过模块化设计、可配置生产、智能化管理来实现。

模块化设计：将产品分解为多个模块，每个模块都具有独立的功能和接口。通过不同模块的组合和配置，可以快速生成不同种类和规格的产品，满足消费者的多样化需求。

可配置生产：在生产过程中，通过调整生产参数、更换工装夹具等手段，实现不同产品之间的快速切换和生产。这种可配置性使得生产线能够灵活应对市场需求的变化，降低生产成本和提高生产效率。

智能化管理：引入智能控制系统和物联网技术，对生产过程进行实时监控和管理。通过数据采集和分析，及时发现生产过程中的问题和异常，并采取相应的措施进行纠正和优化。同时，通过大数据分析等手段，预测市场需求的变化趋势，为生产计划的制订和调整提供有力支持。

③反向制造

反向制造模式，也称为逆向制造（Inverse Manufacturing），是一种强调资源、副产品及废弃物再利用的制造方法，其核心思想在于通过设计跨产品平台的通用零部件，并尽可能提高这些零部件的质量和耐用性，使得这些部件在整机报废后能够不经过循环再造直接回流到新产品的装配线中。这种模式强调的是资源的最大化利用和循环经济的理念。在全球范围内，有许多企业已经成功应用了反向制造模式。例如，富士施乐公司（Fujitsu）在打印机和复印机领域实施了逆向制造策略，通过回收废旧产品中的零部件并进行再制造，不仅降低了生产成本，还提高了资源的利用效率。反向制造的主要特点有通用性、高质量与耐用性、资源循环利用、环保性。

通用性：反向制造模式下设计的零部件具有高度的通用性，可以应用于不同的产品或平台上，这有助于减少零部件的种类和数量，降低生产成本和库存压力。

高质量与耐用性：零部件被设计为高质量且耐用，以确保在整机报废后仍能保持良好的使用状态，从而可以直接回用到新产品的生产中。

资源循环利用：通过回收和再利用废旧产品中的零部件，反向制造模式实现了资源的循环利用，减少了对新资源的依赖和浪费。

环保性：该模式有助于减少废弃物的产生和处理成本，降低了对环境的污染和破坏，符合可持续发展的要求。

该模式通过标准化设计、高质量制造、回收与再利用来实现。

标准化设计：采用标准化设计方法，制定统一的零部件规格和标准，以确保零部件的通用性和互换性。

高质量制造：在制造过程中严格控制质量，确保零部件达到预定的耐用性和可靠性标准。

回收与再利用：建立完善的回收体系，对废旧产品中的零部件进行分类、检测和处理，对符合再利用标准的零部件进行清洗、修复和再制造。

1.3.2 智能制造与智慧物流的两业融合

人工智能技术的发展，推动制造业由传统的劳动密集型向数字化转型，制造业的发展又倒逼作为生产服务业的物流业由传统物流向智慧物流实行转型升级。无人驾驶车、自动分拣系统等智能化设施设备的应用，在提高物流工作效率、节约企业成本的同时，也将大量的劳动力从一些简单重复的一线作业岗位中解放出来。

1.3.2.1 智能制造与智慧物流的两业融合模式

现代物流和制造业融合发展主要方向：一是鼓励物流、快递企业融入制造业采购、生产、仓储、分销、配送等环节，推进降本增效；二是智慧物流在卫星定位系统、地理信息系统、无线射频技术等物流信息技术，帮助智能生产、仓储、配送任务高效完成；三是将智能制造的先进装备应用到智慧物流，推进物流的升级。智能制造与智慧物流的两业融合模式如图 1-6 所示。

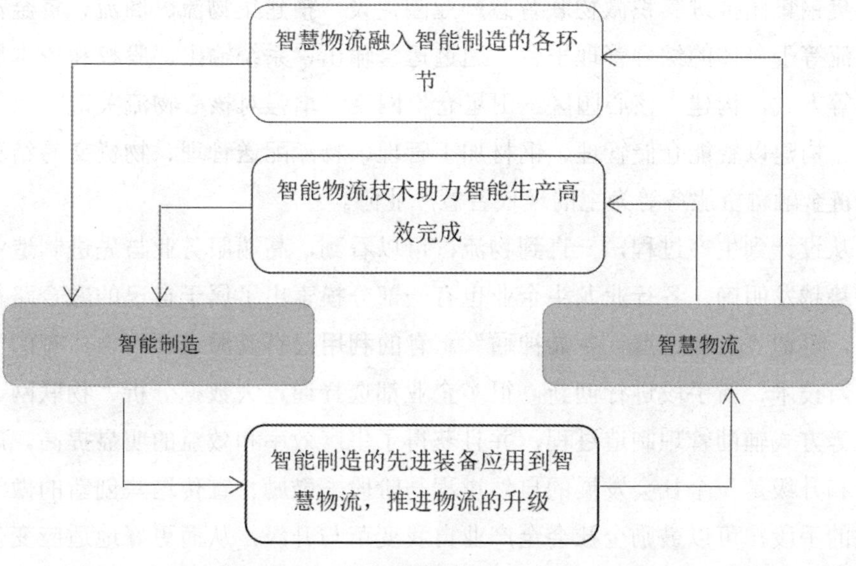

图 1-6 智能制造与智慧物流的两业融合模式

（1）智慧物流融入智能制造的各环节

智慧物流、快递企业融入制造业采购、生产、仓储、分销、配送等环节，持续推进降本增效。优化节点布局，完善配套设施，加强物流资源配置共享。鼓励物流外包，发展零库存管理、生产线边物流等新型业务。推进智能化改造和上下游标准衔接，推广标准化装载单元，发展单元化物流。鼓励物流企业和制造企业协同“走出去”，提供安全可靠的服务。

以海尔集团为例，其打造的智慧物流云平台是整合现有战略资源，建设集成的系统平台。据了解，物流云平台依托智能算法、智能装备和智能系统，重构物流运作流程，升级改造现代化物流体系，实现对供应链、实体物流的数字化、标准化综合管理，支持产业智能化发展。同时，立足用户需求，搭建智能服务平台，基于数字化管理模式，优化管理流程，高效配置资源，提供物流一体化解决方案。海尔旗下的物联网场景生态品牌日日顺，按照2020年收入是中国第三大端到端供应链管理服务商，成为中国领先的供应链管理解决方案及场景物流服务提供商，也是当前市场上少有的具备覆盖生产制造、线上线下流通渠道至末端用户场景服务的端到端供应链管理能力的企业。

徐工集团搭建全球互联的物联网平台，实现了跨事业部、分子公司融资租赁、售后服务设备统一管理。徐工建立的“GPS全球服务中心”，通过物联网平台和用户深度定制手机App，可以提供全生命周期智能管家式服务。

樊钢集团推进其积微物联智慧产业园建设，搭建集物流、商流、资金流、信息流等于一体的综合管理平台。通过运营输出、系统输出、股权和资本层面合作等方式，构建“核心园区+卫星仓”网络，增强对核心物流关键节点的控制力。构建以智能仓储管理、钢材加工管理、物流配送管理、物资交易结算和供应链金融融资服务等为主的现代智慧产业园。

从设计到生产过程，一直到物流，可以看到，高端服务业与先进制造业融合态势越发明确，各行业龙头企业也有一部分摸索出了属于自己的融合路径和做法，可谓“八仙过海、各显神通”。有的利用已有资源进行整合，有的大胆采用新技术、新手段进行创新，很多企业都选择通过大数据分析、物联网、云计算等方式辅助管理制造过程，并且获得了生产效率和效益的明显提高。产业融合和升级是一个社会发展的自然过程与阶段，鼓励、宣传这些创新的做法和有效的手段，可以鼓励全社会全产业自我变革与升级，从而更好地适应变化的社会需求。

（2）智能物流技术助力智能生产高效完成

智慧物流在卫星定位系统（如GPS）、地理信息系统（GIS）、无线射频技术（RFID）的作用下，通过提高物流效率、优化资源配置、增强信息透明度等方式，高效完成智能生产、仓储、配送任务，显著助力智能制造业的运行水平，并促进智能制造业健康发展。

第一，提高物流效率。卫星定位系统精准定位与路径优化，它能够实时追踪物流车辆和货物的位置，地理信息系统则根据实时交通、天气等信息为运输路线提供最优解，从而大幅缩短运输时间，减少等待和延误。无线射频技术使得货物在仓储、分拣、包装等环节实现自动化处理，减少了人工操作的时间和错误率，提高了整体物流效率。

第二，优化资源配置。通过 RFID 技术，企业可以实时掌握库存情况，避免过度库存或库存短缺，从而优化库存成本。同时，地理信息系统可以帮助企业分析市场需求，合理调配资源，满足生产需求。智慧物流系统能够与智能制造系统紧密集成，根据生产计划和客户需求实时调整物流策略，确保原材料和零部件的及时供应，提高生产线的协同效率。

再次，增强信息透明度。消费者和企业可以通过智慧物流平台实时查询货物的运输状态和预计到达时间，提高了物流信息的透明度。通过收集和分析物流数据，企业可以深入了解市场趋势、客户需求和物流绩效等关键信息，为决策提供有力支持。

最后，促进智能制造业健康发展。智慧物流通过提高物流效率和优化资源配置，帮助企业降低了物流成本，提高了整体盈利能力。高效的物流系统能够缩短产品交付周期，提高客户满意度，从而增强企业的市场竞争力。智慧物流的发展促使企业不断探索新的技术和模式，推动智能制造业的持续创新和发展。

（3）智能制造的先进装备应用到智慧物流，推进物流的升级

智能制造的先进装备在智慧物流中的应用，极大地推动了物流的升级与发展。这种升级体现在多个方面，包括物流效率的提高、成本的降低、服务的优化以及可持续发展等。

第一，物流效率的提升。智能制造的先进装备，如自动化分拣系统、无人叉车、AGV（自动引导车）、智能机器人等，在智慧物流中得到了广泛应用。这些设备能够实现货物的快速、准确分拣、搬运和存储，大大提高了物流作业的效率。智能制造与智慧物流的结合，使得物联网和大数据技术得以在物流领域深入应用。通过实时追踪货物的位置、状态和环境信息，物流企业可以及时调整物流策略，优化运输路线，减少等待时间和延误，进一步提高物流效率。

第二，成本的降低。自动化和智能化设备的引入，使得物流作业对人工的依赖大大降低。这不仅减少了人力成本，还提高了作业的安全性和稳定性。通过智能制造的先进装备和智能物流系统，企业可以实时掌握库存情况、生产计划和客户需求等信息，从而合理调配资源，避免浪费和过剩库存，进一步降低成本。

第三，服务的优化。智能制造和智慧物流的结合，使得物流企业能够提供更加个性化的服务。例如，通过数据分析，物流企业可以预测客户的未来需求，提前作好准备，确保货物能够及时送达。高效的物流服务和准确的货物追踪，

使得客户能够随时了解货物的运输情况，提高了客户满意度和信任度。

第四，可持续发展。智能制造的先进装备在设计和制造过程中就注重节能减排。同时，智慧物流系统通过优化运输路线和减少等待时间等方式，进一步降低了物流过程中的能耗和排放。随着环保意识的提高，智能制造还推动了绿色包装的发展。通过采用可降解材料、减少包装体积和重量等方式，降低了物流过程中的环境负担。

以某电子制造企业为例，该企业引进智能制造技术，实现了生产过程的自动化和智能化。通过与智能物流系统的对接，实现了从原材料采购到成品配送的全程可追溯和自动化管理。智能传感器实时监测原材料库存和产成品信息，与仓储机器人和自动化输送系统协同工作，实现了生产计划和物流配送的无缝对接，大幅提高了生产效率和物流配送的准时性。

1.3.2.2 智能制造与智慧物流的两业融合发展历程

随着生产业的不断发展，物流业越来越受到国内外学者的重点关注。物流业作为生产性服务业，是制造业的产业结构调整和升级的重要支撑，物流业的发展，使得制造业能够采用物流外包的形式来更好地控制所产生的物流成本，而制造业的升级与发展反过来又为物流业的发展提供了大量的市场需求。因此，物流业与制造业需要进行深度融合，借助融合发展来获得“１＋１＞２”的系统效应。

物流业与制造业融合的具体发展历程如表 1-2 所示。

表 1-2 物流业与制造业融合的具体发展历程

时间	阶段	两业融合大事记
2010 年 4 月	两业联动	全国现代物流工作部际联席会议办公室印发《关于促进制造业与物流业联动发展的意见》的通知
2020 年 8 月	深度融合	国家发展改革委等 14 部门联合印发《推动物流业制造业深度融合创新发展实施方案》，以下简称《实施意见》
时间	阶段	两业融合大事记
2020 年 10 月	生产性服务业	党的十九届五中全会指出，推动生产性服务业向专业化和价值链高端延伸，推动各类市场主体参与服务供给，加快发展

续表

2021 年 3 月	制造服务业	国家发展改革委等 13 部门联合印发《关于加快推动制造服务业高质量发展的意见》
2022 年 5 月	物流业“十四五”规划	智能物流与供应链是智能制造关键技术，帮助企业商业模式创新，生产模式创新，经营模式创新，科学决策

2020 年 8 月，国家发展改革委等 14 部门出台《推动物流业制造业深度融合创新发展实施方案》，主要从促进企业主体融合发展、促进设施设备融合联动、促进业务流程融合协同、促进标准规范融合衔接、促进信息资源融合共享等几个方面做政策支持。

①促进企业主体融合发展。支持物流企业与制造企业通过市场化方式创新供应链协同共建模式，建立互利共赢的长期战略合作关系，进一步增强响应市场需求变化、应对外部冲击的能力，提高核心竞争力。引导制造企业结合实际系统整合其内部分散在采购、制造、销售等环节的物流服务能力，以及铁路专用线、仓储、配送等存量设施资源，向社会提供专业化、高水平的综合物流服务。

②促进设施设备融合联动。在国土空间规划和产业发展规划中加强物流业制造业有机衔接，统筹做好工业园区等生产制造设施，以及物流枢纽、铁路专用线等物流基础设施规划布局和用地用海安排。积极推进生产服务型国家物流枢纽建设，充分发挥国家物流枢纽对接干线运力、促进资源集聚的显著优势，支撑制造业高质量集群化发展。支持大型工业园区新建或改扩建铁路专用线、仓储、配送等基础设施，吸引第三方物流企业进驻并提供专业化物流服务。

③促进业务流程融合协同。推动制造企业与第三方物流、快递企业密切合作，在生产基地规划、厂内设施布局、销售渠道建设等方面引入专业化物流解决方案，结合生产制造流程合理配套物流设施设备，具备条件的可结合实际共同投资建设专用物流设施。加快发展高品质、专业化定制物流，引导物流、快递企业为制造企业量身定做供应链管理库存、线边物流、供应链一体化服务等物流解决方案，增强柔性制造、敏捷制造能力。

④促进标准规范融合衔接。建立跨部门工作沟通机制，对涉及物流业制造业融合发展的国家标准、行业标准和地方标准，在立项、审核、发布等环节广泛听取相关部门意见，加强标准规范协调衔接；支持行业协会等社会团

体结合实际研究制定物流业制造业融合发展的团体标准，引导和规范物流业制造业融合创新。鼓励制造企业在产品及包装设计、生产中充分考虑物流作业需要，采用标准化物流装载单元，促进 1200mm×1000mm 标准托盘和 600mm×400mm 包装基础模数从商贸、物流等领域向制造业领域延伸，提高托盘、包装箱等装载单元标准化和循环共用水平。

⑤促进信息资源融合共享。促进工业互联网在物流领域融合应用，发挥制造、物流龙头企业示范引领作用，推广应用工业互联网标识解析技术和基于物联网、云计算等智慧物流技术装备，建设物流工业互联网平台，实现采购、生产、流通等上下游环节信息实时采集、互联共享，推动提高生产制造和物流一体化运作水平。推动将物流业与制造业深度融合信息基础设施纳入数字物流基础设施建设，夯实信息资源共享基础。支持大型工业园区、产业集聚区、物流枢纽等依托专业化的第三方物流信息平台实现互联互通，面向制造企业特别是中小型制造企业提供及时、准确的物流信息服务，促进制造企业与物流企业高效协同。积极探索和推进区块链、第五代移动通信技术（5G）等新兴技术在物流信息共享和物流信用体系建设中的应用。

（资料来源：2020 年 8 月，国家发展改革委等 14 部门《推动物流业制造业深度融合创新发展实施方案》）

1.3.3 智慧物流是智能制造的发展保障

（1）智慧物流是智能制造持续发展的重要基础

工信部和财政部于 2016 年颁布的《智能制造综合标准化与新模式运营项目指南》明确指出，“智能物流与仓储系统”要被纳入核心智能制造装备中。智慧物流的重要性可见一斑。发展和建设智慧物流，主要目的是匹配智能制造这一新型制造业生产方式，使各项制造业生产活动的智慧化特征，如设计、生产、管理、服务等，被进一步凸显和利用，让信息技术和通信技术优势在制造技术应用和制造生产过程中得到充分发挥，在不断融合中实现自感知、自学习、自决策、自执行。

智慧物流与智能制造更深层次的关系在于，新的市场环境下，从低成本竞争转向差异化发展，已成为各制造企业必须完成的任务，以降本增效为实际需求，以拓展市场为主要目的，在创新发展理念驱动下完成生产制造的自动化和智能化转型。另外，受大环境影响（智能化趋势），消费者的消费动机产生了一定变化，从“需要”到“想要”的转变，催生了“需求”的多样性，这便对产品外观设计和使用功能提出了更高要求，制造企业要通过改变原有生产模式满足消费者的多样化需求。

显然，构建符合时代意义的新型生产模式，必须有相应的智慧系统作支持，并且要在各个环节突出数字化、网络化、柔性化、智能化特征。借助人工智能、物联网、云计算、大数据等信息技术，使智慧物流与智能制造全过程紧密相连。

（2）智慧物流为智能制造多维度发展提供有力保障

在现阶段智能制造系统中，除系统层级和智能功能两个维度发挥作用外，生命周期维度也扮演了极为重要的角色。而在该维度中，“物流”又被认为是非常重要的一个环节。这三个维度分别在实现机器、控制系统、企业三者互联互通，设备和单元智能化集成，企业智能化经营管理，精准物流和智能服务等方面发挥着极为重要的作用。其中，互联互通与智能化集成主要依靠 RFID、DCS 等软件技术连接制造资源来实现；智能车间生产管理主要依靠 MES 来实现；企业智能化经营管理分别通过 ERP、PLM、SCM、CRM 系统来实现；精准物流和智能服务则依靠互联网共享产业链上的企业信息来实现。

在信息技术应用环境下，智能制造与智慧物流的充分融合，不仅帮助企业大大节省了人力资源，降低了成本开销，还有效提高了企业经济效益。随着智能化生产和管理理念内涵被逐渐扩大，应用维度被不断拓宽，智慧物流在连接供应和生产过程中发挥的作用也越来越明显，为智能制造的多维度发展提供了有力保障。

1.3.4 智慧物流与智能制造两业融合的技术特点

在智能制造背景下，智慧物流作为制造业的生产服务型纽带，通过大数据、互联网和物联网技术的支撑，充分整合各项生产与流通资源，打通原材料采购、产品生产与市场销售的流通环节，实现原材料供应者、生产者和消费者之间的互联互通，成为制造业物流的必然发展方向。同时，作为承接社会物资流通的具有独立功能的第三方物流企业，为了适应社会生产方式的变革，在智能化时代通过全方位的智能化改造，通过与智能制造的深度融合，不断优化各项物流功能和物流系统，在业务流程和功能效果方面呈现出与传统物流所无法比拟的特点和优势。

（1）业务流程的高度智能化

在市场竞争持续升级、产品生命周期不断缩短的新时期，顾客个性化和定制化需求将更加突出，为了适应市场需求变化，广大制造企业将大规模进行定制化产品的生产和制造。在此背景下，为了进一步降低生产成本、提高生产效率、扩大产品的市场占有率，不仅需要在生产制造环节采用智能化的设备和手段来提高产品质量和工艺技术、满足顾客需求，还需要在物流环节降低成本、提升效率。无论是制造企业的物流部门，还是独立的第三方物流企业，都需要在物流设施设备和业务流程方面进行智能化的升级和改造，采用更多的无人车、无人机、物流机器人、无线射频设备和激光扫描仪等自动化分拣设备，充分利用人工智能和物联网等技术手段，在采购、运输、仓储、搬运、分拣等各个作业环节实现高度的智能化。

（2）运作过程的全程数字化

智能制造和智慧物流的深度融合，需要在系统仿真技术的基础上，通过智能计算、信息网络和多媒体技术的综合应用，对生产和流通过程中所涉及的活动进行精确记录、处理、分析、表达和控制。数字化技术的应用，将整个供应链流程实施数字化打通，在企业决策、执行、监控和信息处理等各个环节，实现全链条的数字化和透明化，在数据共享的机制下，将制造企业和物流企业的全流程紧密相连。通过智慧物流信息系统的构建，使得整个生产制造和物流作业的全过程具有信息化、集成化、可视化和智能化的功能和特征，进而促进生产和流通过程更加准确、及时和高效，为客户提供更加优质快捷的服务。

（3）运作系统的全面网络化

对于传统物流而言，智慧物流的运营模式为综合应用人工智能、大数据、卫星定位和无线传感等技术，并在组织货物运输和配送路线的优化方面，实现精准定位，能够适时查看和控制车辆的运行状态，实现分散物流数据的集约整合。智慧物流作用的发挥，需要构建一个智慧物流系统，通过信息资源的共享和适时调用，协同采购、生产和流通各个环节，全面提高相关物流数据的传输速度和生产运作效率，从而在人力、物力和财力等方面压缩成本，减少浪费，推进物流运作的安全高效，实现与智能制造的全面对接。依托物流网络系统，还可以实现智能化的数据分析和模块集成，缩短空间距离，面对突发状况和复杂形势，物流系统网络还可以进行信息的及时传递和辅助决策，实现生产和流通过程的平衡和优化。

（4）运作模式的普遍柔性化

与传统物流的运作方式相比，智慧物流改变了过去物流链接制造商与零售商和顾客的单向物流传输通道，通过双向驱动的形式连接起智能制造和新零售，在扩展传统物流功能的基础上打造柔性的供应链。随着市场上消费者个性化需求的不断涌现，制造企业需要依据市场变化，灵活调整生产计划，在采购、生产和流通方面呈现出柔性化特征。为了适应制造业这种生产方式的变化，需要物流系统适时依据智能制造的调整，在运作模式方面采取更高的柔性，通过使用物流机器人和无轨导航 AGV 等智能设备进行生产流通领域物料的运输，借助 5G 通信网络，采取激光导航等方式，在硬件设施和软件控制等方面采用柔性化运作，逐步适应复杂环境的变化，满足制造企业柔性化生产和流通的需求。

1.4 两业融合下智慧物流人才

1.4.1 智能制造对智慧物流人才需求的影响

（1）岗位需求的变化

随着智能制造的推进，物流系统逐渐向自动化、信息化、智能化方向发展。这导致传统物流岗位的需求减少，而新兴的智慧物流岗位需求显著增加。例如，数据分析师、数据分析型采购员与仓管员、供应链运营师等岗位的需求越来越多。这些岗位不仅需要掌握物流管理的基础知识，还需要具备数据分析、信息技术、自动化控制等多方面的能力。

（2）人才类型的需求变化

在智能制造背景下，智慧物流对人才的需求从单一技能型向复合型转变。过去，物流行业可能只需要掌握单一学科技术的人才，如物流管理或信息技术。但现在，智慧物流需要的人才需要具备跨学科的知识和技能，如既懂物流业务又懂计算机，既熟悉物流流程又对生产过程非常了解，等等。这种复合型人才能够更好地适应智能制造与智慧物流的融合需求，推动物流系统的优化和升级。

（3）技能要求的提升

智能制造技术的快速发展对智慧物流人才的技能要求不断提升。例如，随着物联网、大数据、云计算等技术在物流领域的应用，智慧物流人才需要掌握这些技术的基本原理和应用方法，以便更好地进行物流数据的收集、处理和分析。同时，随着自动化和智能化设备的普及，智慧物流人才还需要掌握相关设备的操作和维护技能，以确保物流系统的正常运行。

（4）职业素养的强化

智能制造对智慧物流人才的职业素养提出了更高要求。智慧物流人才需要具备创新意识和思维能力，能够不断寻求突破和创新，以适应行业发展的变化。同时，他们还需要具备良好的沟通能力和团队合作精神，以便在复杂多变的物流环境中与各方进行有效的沟通和协作。此外，智慧物流人才还需要具备责任心和执行力，确保物流工作的准确性和及时性。

（5）教育与培训的需求增加

智能制造对智慧物流人才的需求变化推动了教育与培训市场的发展。为了满足行业对智慧物流人才的需求，各类教育机构开始加强相关专业的建设和改革。他们优化课程体系、加强实践教学、引进优秀师资等措施，以提升学生的综合素质和竞争力。同时，企业也开始注重内部培训和人才梯队建设，通过培训提升现有员工的技能水平和职业素养。

综上所述，智能制造对智慧物流人才需求的影响是多方面的，包括岗位需求的变化、人才类型的需求变化、技能要求的提升、职业素养的强化以及教育与培训的需求增加等。这些影响不仅反映了智能制造对物流行业的深刻影响，也指明了智慧物流人才培养的方向和目标。

1.4.2 两业融合下智慧物流人才特点

人工智能技术的发展，推动制造业由传统的劳动密集型向数字化转型，制造业的发展又倒逼作为生产服务业的物流业由传统物流向智慧物流实行转型升级。无人驾驶车、自动分拣系统等智能化设施设备的应用，在提高物流工作效率、节约企业成本的同时，也将大量的劳动力从一些简单重复的一线作业岗位中解放出来。因此，也意味着社会对现代物流管理人才的需求发生了巨大的变化，现代物流管理专业作为物流业的后备军，每年都在为物流业输送大量的人才，也理应顺应时代的要求，提高自身人才培养的质量。两业融合下智慧物流复合型人才要求如图 1-7 所示。

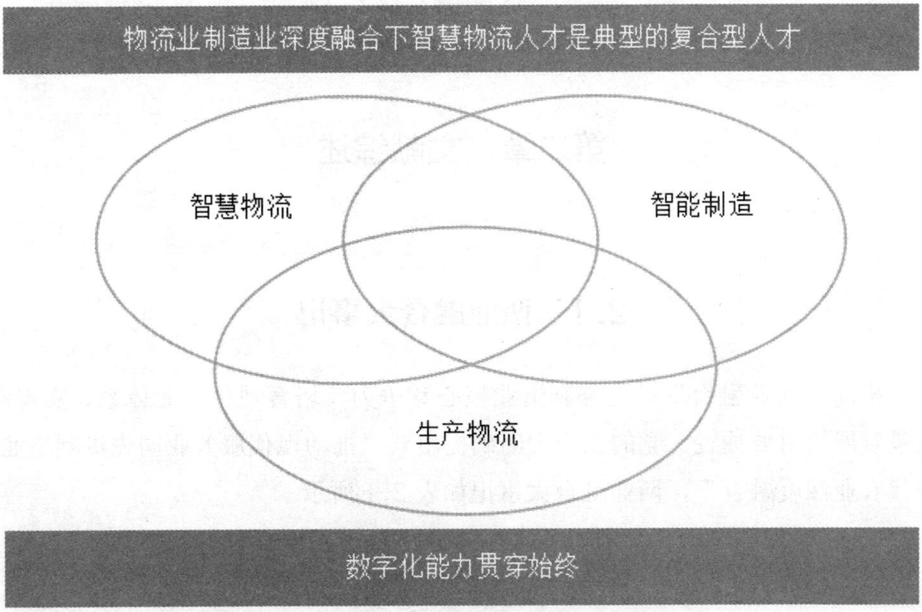

图 1-7 两业融合下智慧物流复合型人才要求

第二章　文献综述

2.1　两业融合大事记

推动“两业融合”是增强制造业核心竞争力、培育现代产业体系、实现高质量发展的重要途径。党的二十大明确提出要“推动现代服务业同先进制造业、现代农业深度融合”，两业融合大事记如表 2-1 所示。

表 2-1　两业融合大事记

时间	大事记
2018 年 12 月	中央经济工作会议提出，“推动先进制造业和现代服务业深度融合，坚定不移建设制造强国”。
2019 年 9 月	习近平总书记主持召开中央全面深化改革委员会第十次会议，审议通过了《关于推动先进制造业和现代服务业深度融合发展的实施意见》，指出“推动先进制造业和现代服务业深度融合是增强制造业核心竞争力、培育现代产业体系实现高质量发展的重要途径”。
2019 年 11 月	习近平总书记在上海考察时强调，要强化高端产业引领功能，坚持现代服务业为主体、先进制造业为支撑的战略定位，努力掌握产业链核心环节、占据价值链高端地位。
2019 年 11 月	国家发展和改革委员会等 15 部门联合印发了《关于推动先进制造业和现代服务业深度融合发展的实施意见》（发改产业〔2019〕1762 号），明确两业融合推进总体思路，梳理出 10 种发展潜力大、前景好的融合发展新业态新模式，提出重点行业双向融合发展的 10 个融合发展新路径。
2020 年 3 月	国家发展和改革委员会印发《关于开展先进制造业和现代服务业融合试点工作的通知》（发改办产业〔2020〕224 号），组织开展两业融合发展试点。
2020 年 7 月	国家发展和改革委员会印发《关于做好先进制造业和现代服务业融合试点工作的通知》（发改办产业〔2020〕559 号），确定天津经济技术开发区等 20 个区域、北汽福田汽车股份有限公司等 40 家企业作为第一批试点单位。

续表

时间	大事记
2021 年 3 月	“十四五”规划《纲要》提出，“加快推进制造强国、质量强国建设，促进先进制造业和现代服务业深度融合”“推动现代服务业与先进制造业、现代农业深度融合，深化业务关联、链条延伸、技术渗透”。
2021 年 4 月	国家发展和改革委员会印发《关于继续开展先进制造业和现代服务业融合发展试点工作的通知》（发改办产业〔2021〕302 号），组织开展第二批试点工作。
2021 年 8 月	国家发展和改革委员会印发《关于继续做好先进制造业和现代服务业融合发展试点工作的通知》（发改办产业〔2021〕669 号），确定中关村科技园区大兴生物医药产业基地等 20 个区域、北京全路通信信号研究设计院集团有限公司等 40 家企业作为第二批试点单位。
2021 年 8 月	国家发展和改革委员会举行新闻发布会，介绍两业融合进展，宣传佛山市南海区景德镇市昌南新区、双良节能系统股份有限公司、杭州网易严选贸易有限公司等试点区域、企业的经验做法。
2021 年 9 月	国家发展改革委举行惠企纾困专题新闻发布会，产业发展司负责同志介绍两业融合进展及下一步工作考虑。
2022 年 9 月	《经济参考报》专题采访国家发展改革委产业发展司负责同志并刊发《赋能制造转型升级两业融合激发内生动力》《两业融合持续深化着力培育一批龙头企业》报道。
2022 年 10 月	党的二十大报告提出，“构建优质高效的服务业新体系，推动现代服务业同先进制造业、现代农业深度融合”。

2.2 两业融合的研究现状

2.2.1 物流业与制造业融合的研究现状

近年来，关于物流业与制造业关系问题的研究已经成为学者们研究的热点课题之一，围绕两业融合的内涵、现状以及融合路径等问题展开了深入研究。

在新冠疫情常态化防控形式下，各国的全球供应链战略正在加速重构，制造业回归再次被提上日程，成为世界经济发展的新趋势。在国家“十四五”发展规划中，国家提出将大力扶持制造业发展，积极促进制造业与物流业深度融合，从“物流大国”向“物流强国”迈进。国家发展和改革委员会、工业和信息化部等 14 部门在 2020 年 9 月印发了《推动物流业制造业深度融合创新发展实施方案》，为我国物流业未来发展提供了指引和实现路径。制造业作为物流业的重要需求来源，在很多方面决定着物流业的发展规模，而要想提升制造业的核心竞争力，物流业的发展水平也至关重要，因此推动“两业融合”发展十分必要。根据现有数据，制造业所带来的物流业务量在物流业总业务量比重达到 70%，制造业所产生的物流总值更是占全国物流总值的 88%，可见制造业的提升在物流业的发展水平中占有重要地位。因此，开展关于物流业与制造业融合方面的研究，有助于制造业促进物流业的发展，而物流业能够帮助制造业降低成本和提高核心竞争力。本章将对近 20 年来的物流业与制造业融合发展的相关研究进行梳理，进行系统归纳分析，形成关于物流业与制造业融合发展的文献综述，以期为读者对两业融合发展的研究带来一定的启示。

（1）物流业与制造业融合发展研究的定量分析

20 年来，学者们从不同角度对物流业与制造业融合发展进行了分析和探讨，并且这些研究者也在不断总结物流业与制造业融合发展的经验，产生了一大批理论成果。在中国知网（CNKI）上对 2001 年 1 月 1 日至 2024 年 7 月 31 日两业融合发展的相关研究的期刊进行查询，以物流业与制造业融合发展为主题，剔除会议、年鉴、报纸，显示结果如下：全部期刊共有 96 篇，其中有 17 篇核心期刊（按 CNKI 查询显示的核心期刊统计），另外学位论文显示有 40 篇。以物流业与制造业作为主题，剔除会议、年鉴、报纸，显示结果如下：全部期刊共有 1528 篇，其中有 347 篇核心期刊（按 CNKI 查询显示的核心期刊统计），另外研究生学位论文显示有 416 篇。可见关于物流业与制造业融合发展的研究相对较少。在 CNKI 上时间选择不限，对主题、篇名分别进行检索，发现 2007 年之前没有物流业与制造业融合发展的相关研究。对检索的 2001 至 2024 年 7 月的所有关于物流业与制造业融合发展的文献进行数据整理，由图 2-1 可见，2001 至 2024 年（至 7 月 31 日）文献数量按照时间先后进行统计，2022 年文献数量达到了高峰。

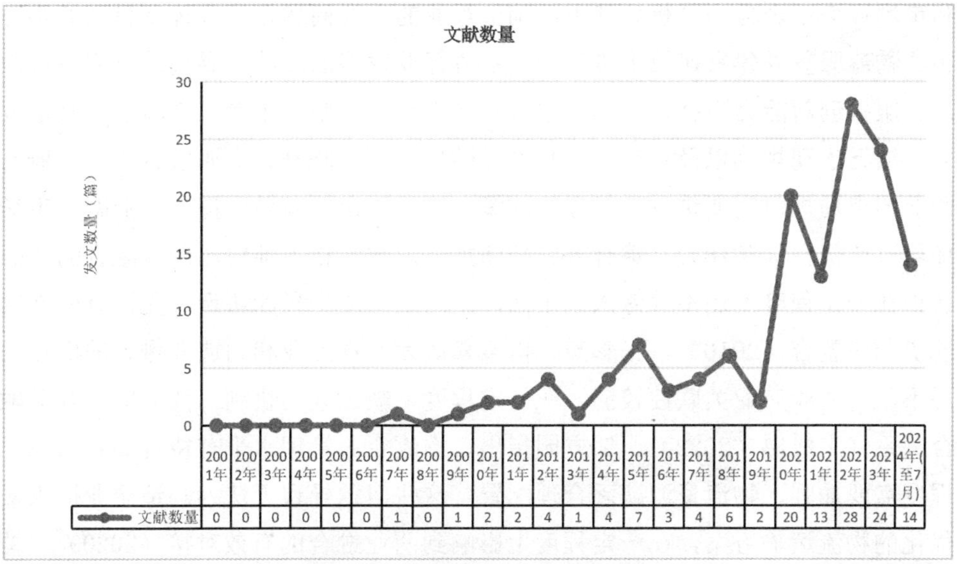

图 2-1 文献数量按年份分布情况

国务院办公厅 2017 年 8 月印发的《关于进一步推进物流降本增效促进实体经济发展的意见》指出，要深化联动融合，产业要协同发展起来，进一步研究两业融合发展的政策措施，大力支持第三方物流发展。随后，国家发展和改革委员会在 2019 年 3 月发布了《关于推动物流高质量发展促进形成强大国内市场的意见》，第一次提出了“在当前以及今后的一段时间内要把推动物流高质量发展作为改善产业发展和投资环境的重要抓手，以物流高质量发展为突破口，加快推动提升区域经济和国民经济综合竞争力”，在国家政策层面把物流行业发展提升到新的高度。另外，国家发展和改革委员会等 14 个部门又在 2020 年 9 月联合印发了《推动物流业制造业深度融合创新发展实施方案》，明确要加强协调统筹，积极推进物流业的降本增效提质以及制造业的转型升级，促进物流业制造业协同联动和跨界融合。政策的陆续出台及物流业在经济增长的作用凸显，众多学者意识到对物流业与制造业融合发展展开研究意义重大，通过对已有文献进行数据分析，在两业融合发展的理论研究层面已经取得了一定成果，并且提出了相当多的改革经验，对物流业与制造业融合发展具有十分重要的现实意义。

（2）物流业与制造业融合发展研究的定性分析

①关于物流业与制造业融合发展现状的研究

关于物流业与制造业融合发展现状的研究，大部分从制造行业、物流企业和市场环境三个方面分析。其中，制造行业的主要问题是管理体制机制的不完善、物流服务外包占比较小等问题，物流行业发展面临的主要问题有服务层次低、服务创新能力不强、一体化服务水平不高等。整体来看，物流业与制造业之间缺乏宏观规划以及存在融合程度低的现象。高晓红、俞海宏认为，政府对两业的市场规范需要进一步加强，政策上缺乏一定的有效支持，两业融合市场环境有待优化（2010）。黄有方、严伟指出，政府相关部门对两业融合的思想认识在一定程度上还不够深入、全面，缺乏统一的指导和协调，无法有效地实现资源的整合（2010）。张彩霞、肖望喜认为，物流业和制造业融合的内在动力不足，两业产业关联性较弱，在一定程度上缺乏联动机制，两业间的互动融合关系尚未成熟（2022）。邹方园指出，物流企业管理水平有待提高、信息化程度需要加强、物流资源缺乏合理配置，这些问题导致无法为制造企业提供最优化的物流运输方案，在一定程度上影响到两业融合的有效对接（2020）。葛家怡、吴婷认为，物流业与制造业存在布局不合理，自动化、技术化程度低的现象，缺乏信息共享平台和沟通协调机制，导致物流业与制造业无法有效融合，效率低下（2021）。高祎晗、乔占军指出，制造企业与物流企业之间没有有效的沟通机制，两业融合面临着变革和更新的障碍，影响企业的快速对接，导致两业融合过程中出现不匹配、不衔接的情况，两业互赢合作关系难以长期维持（2021）。赵英姝等认为，物流业与制造业信息化发展水平不平衡，差异较大，双方的相互不信任导致物流企业与制造企业无法实现融合发展，同时二者之间的信息共享机制尚未成熟，物流业信息化水平与制造业对物流企业的需求极不匹配，缺乏统一的信息标准，这也成为制约两业融合发展的重要因素（2018）。

②关于物流业与制造业融合发展的实证研究

关于物流业与制造业融合发展的实证研究，众多学者以全国各地为例，分析两业融合发展的现状和制约因素，以及实施路径。王晓艳、李道芳以安徽省为研究对象，运用交易费用理论、博弈论、核心竞争力理论等分析安徽省两业融合发展现状和存在的问题，通过转变观念、政府参与、产业引导、供需衔接等促进两业融合发展（2009）。朱莉等通过对江苏省 2002—2012 年统计年鉴中的相关数据进行分析，认为物流业与制造业具有显著相关性，分别从产品设计、生产加工、包装、仓储、运输、信息化等方面提出以节能、降耗、减排为目标的两业融合发展策略，以推动低碳经济的发展、实现产业结构的优化升级（2014）。陈畴镛、杨文霞对浙江省 2011—2016 年 11 个设区市数据的物流业与制造业协同集聚程度进行测算，通过构建产业协同集聚 E-G 指数分析两业协同集聚状况，提出以发挥电子商务业态创新和功能聚集为基础，通过跨境电商综合试验区带动开放型经济发展，推动制造业与物流等生产性服务业协同集聚与升级（2019）。张光明对广西进行了实证研究，通过构建 VAR 模型对制造业与物流业之间的融合关系进行剖析，认为广西应大力发展现代物流业，通过深化物流业在制造业发展中的作用，大力提升制造业的核心竞争力，促进物流业与制造业的融合发展（2014）。田振中以河南为例，通过构建协调性评价模型对河南省物流业与制造业融合发展水平进行评价与分析，认为河南应大力发展现代物流业，提升现代物流技术在制造业发展过程中的重要性，通过加快一体化服务、加强资源整合、完善信息化建设等加快物流业与制造业的融合发展（2013）。王珍珍以长江经济带九省二市制造业与物流业为研究对象，通过构建共生度模型对上述地区的物流业与制造业的共生度、共生关系等进行了分析，认为制造业和物流业如果要加强融合发展，基本原则就是要坚持互利共赢，创新服务模式、加强区域交流与合作、优化共生环境等以实现两者融合发展（2017）。赵英霞、田秀杰通过构建灰色关联模型对东北地区物流业和制造业的融合发展展开分析，他们认为，东北地区物流业与制造业融合发展相对滞后，我们要通过不断调整产业结构、完善两业融合发展的政策环境和运行机制，充分发挥行业协会的作用，加强联系与整合，推动东北地区物流业与制造业的融合发展（2013）。顾占波、李松庆以珠三角地区物流业与制造业发展为研究对象，通过构建两业的综合评价指标体系，分析珠三角物流业与制造业的融合发展水平，回归拟合和模糊数学隶属度函数告诉我们，珠三角物流业与制造业存在较强的关联性，两业融合稳步发展（2014）。

③关于物流业与制造业融合发展的评价模型与方法的研究

关于物流业与制造业融合发展模型与方法的研究，褚衍昌等运用 DEA 模型对制造业与物流业融合的效率进行了测度，认为目前制造业与物流业融合发展的效率并不高，我们应积极主动将制造业与物流业融合，探索横向一体化发展模式，以期提高两者融合效率，促进区域经济协调有序发展（2021）。张中强从管理维度提出制造业与物流业融合发展的实现路径，即战略、组织、市场营销三个层面的融合创新，通过战略融合、机制融合、市场营销融合实现制造业与物流业的融合发展（2012）。张丽萍、杨江龙运用结构洞理论分析物流业和制造业的融合发展，对所属的企业位置、关系、功能等开展深入研究，进而分析得出判断处于结构洞位置的各个节点，并得出在产业融合发展中各企业要时刻寻找竞争优势、抓住机遇，加强产业间的互动融合，促进经济增长（2012）。李煌等结合DEA模型和灰色关联分析法，从全要素生产率角度对物流业与制造业的融合发展进行研究，判断出两业融合度具有一定的地域特色，我们要充分利用资源、发挥地域优势有效参与区域产业分工，以地方发展服务区域发展，以区域发展带动地方发展，实现区域产业结构调整与升级（2014）。鲁丽丽、郑红玲从非对称信息的角度研究了区域物流业与制造业融合发展的相关内容，她们认为，如果要加强两业融合，政府的职能作用至关重要，政府要加大对物流业与制造业的政策支持，通过构筑融合发展平台、制定惩罚机制与收益共享机制、构建防范逆向选择与道德风险措施、增强制造业与物流业之间的信任度、完善信息化、技术化标准等方面构建两业融合机制（2011）。范荣华基于利益相关方理论，构建联动服务模式的两业融合模型，通过创新服务模式，不断完善制度建设与技术革新，打造物流业与制造业的协同发展体系，推动市场经济的稳定与可持续发展（2016）。张彤从价值链嵌入的角度进行分析，通过运用嵌入性理论阐述物流服务嵌入制造业价值链的机理，探讨基于价值链嵌入的制造业与物流业融合发展关系，她认为，物流服务要高度融入制造业产业链中，提升规模经济效应，增强制造业的战略竞争力，推动制造业高质量发展，进而提升物流业的服务规模，重构物流服务模式，加快物流业升级（2016）。张林运用数据包络分析方法，从产业供需的角度对两业融合发展水平进行综合评价及聚类分析，构建两业融合发展供需耦合系统模型，通过推动产业结构调整，不断提高物流业服务水平，优化、协调两业融合的供需链，促进两业融合快速发展（2016）。

④关于物流业与制造业融合发展路径的研究

关于物流业与制造业融合发展路径的研究，国内外大部分学者主要从政府层面、行业协会、产业结构、资源整合等方面开展研究。刘志贻、陈烦认为，政府相关部门、行业协会等应加强物流业标准和制造业标准的对接，整合相关资源，实现要素配置的要效率与低成本，给予更多的扶持政策（2022）。田刚等指出，要促进两业融合发展，地方政府的职能作用要凸显，应该规范市场秩序，加强制造业配套的物流市场的建设，提升物流服务的透明度，构建诚信体系和法律体系机制，加强制造业供应链物流公共信息平台的建设，为两业融合发展创造条件（2013）。赵英姝、吴占坤、赵淑雯认为，政府应明确制造业与物流业两业的重要关系，利用产业集群的优势，制定合理有效的措施来促进两业的深度融合（2022）。周鲁柱指出，要加强两业融合发展，首先，政府部门要联合行业企业科学制订融合发展战略规划，加大政策的扶持力度；其次，构建完善的融合发展运营机制，建立利益分配与协调机制；最后，政府部门要加强宏观调控，不断优化、完善制造业与物流业的产业结构，打破行业市场壁垒，真正做到物流业和制造业的融合发展（2015）。梁红艳在2004—2018年制造业与物流业融合发展水平数据的基础上，对两业融合的演化、提升路径进行了分析，她指出，物流业与制造业要想融合发展必须以市场为导向，以企业为主体，坚持“政府引导、市场运作、企业经营、因地制宜、分步推进”的原则，完善现代化产业链、供应链体系，发挥市场配置以及政府引导的作用，加快构建双循环新发展格局，积极推进两业的信息资源融合共享、共建、互利、共赢（2021）。黄福华、谷汉文指出，我们应大力发展现代物流企业，提高物流服务能力，强化物流增值服务，提高物流信息化水平，建立物流信息共享机制，构建市场体制机制，从而实现优势互补，资源合理配置，从根本上促进物流业与制造业的融合发展。

（3）两业融合发展研究评价与未来聚焦

通过对目前有关物流业与制造业融合发展的文献资料梳理可以看出，学者们对物流业与制造业融合发展不管在理论方面还是实证研究方面，均对两者之间的关系进行了深入分析。在理论方面，学者们从两业融合的内涵、机理、模式、意义、作用等进行了阐述，并从企业层面对两业之间的关系、影响进行分析，普遍认为两者之间应相互协调，制造企业应当在供应链管理中整合物流、创新融合发展模型，物流企业应加强一体化服务水平和自身实力的提高，充分将两业的资源进行战略整合，同时在政府层面、地理环境、行业企业、市场结构等方面提出两业融合实施路径。在实证方面，通过构建各类实证分析模型，如DEA-GRA双层模型、灰色关联模型、共生度模型、耦合协调模型等对两业融合的基本状况进行了实证研究，所以对两业融合发展现状进行梳理，鲜有涉及两业融合发展影响因素的研究。

整体来看，大多学者对两业融合的研究多以全国或部分区域为研究对象，如对珠三角地区、长三角地区、京津冀城市群、上海市、江西省、河南省等区域展开研究，不过由于不同区域存在着经济水平、地理环境等方面的差异，不同区域内的两业融合发展情况也有所不同，呈现明显的区域性特点。

国内外学者虽然从不同角度对两业融合的发展内涵、关系、现状、实施路径等方面展开了研究，取得了一定的成果，但仍然存在一些有待挖掘的地方。一是研究方法表现出局限性，大多文献资料采用的方法以定性分析为主，多数是针对现状，提出研究策略。研究结果对两业融合发展研究的成果科学性总结性不强，归纳出来的结论在适用性、推广性、普遍性等方面有待优化。二是侧重个案研究的实证研究，普遍针对某个区域进行了个案研究，对两业融合的演化模型研究较为鲜见，并且个案研究比较集中，不够深入。三是研究范围稍显狭窄，学者们对两业融合发展关注更多地停留在内涵、理论基础等理论层面及个案研究层面，较少关注融合发展的影响因素，学者们通常的研究集中在已有的成果，缺乏对研究内容的创新开拓，需要对两业融合发展深入探讨具体可执行的策略。四是关于推动两业融合产业结构调整与升级的相关研究较少。五是关于两业融合发展路径研究中的政府机关、职能部门、行业协会等层面的实施策略鲜有看到。

对于物流业与制造业融合发展的未来聚焦和今后研究方向，主要着力点可以在以下几个方面：一是要重视两业融合发展政策改革。政策具有全局性的指导意义，政府出台更多的倾斜政策，这是推进两业融合发展的根本保证。在市场经济条件下，要高效实现两业融合快速发展，不仅要依靠市场机制来调节，而且要充分利用政策进行宏观调控。立足确立规划先行的发展思路，加大政府宏观调整力度，健全行政管理部门之间的协作机制，使两业融合发展有章可循。二是优化两业资源整合。强化两业资源整合战略，实现资源的优质配置，这是推进两业融合发展的重要体现。两业融合发展的实质就是实现规模效益，在两业独立运营的基础上，建立各方利益平衡机制，根据各自的优势，明确分工，形成整体，实现两业融合发展，发挥着“1+1 ＞ 2”的规模效益。三是充分运用计量模型和价值理论，深入探讨两业融合发展的具体影响因素，对其融合效应展开评价分析。四是强化两业信息化平台建设。建立两业信息共享平台，实现信息互通互利，这是实现两业融合发展的重要手段。两业融合发展不仅是硬件的投入，更多地体现在软实力方面，为了提升区域经济发展，更好地发挥信息化的共享带来的资源利用率提高的优势地位，提出了两业融合之间要建立资源互通、共享的信息平台，促进信息资源在两业之间的流动，实现两业融合可持续发展。

2.2.2 两业融合背景下物流人才培养研究现状

（1）智慧物流岗位职业能力分析

冯朝军等（2022）、高原等（2023）分析了智慧物流与智能制造两业融合背景下职业能力需求，主要包括物流专业的基础能力、复杂问题的分析能力、智能技术的应用能力、智能设备的维护能力和系统规划的创新能力，培养出具有现代运作理念和创新能力的复合型技术人才，成为广大高职院校相关专业当前和未来一段时间的重要任务。张莉（2022）对2011—2019年物流业就业弹性、就业率、融合协调度及城镇企业就业情况进行了定量分析。通过固定效应模型分析了两业融合对物流业就业的影响。结果发现：物流业就业情况的变化存在区域差异；两业融合度对物流业就业弹性影响不显著，物流业城镇私企和个体就业人数对物流业就业弹性系数影响显著，货运量对物流城镇私企和个体的就业人数影响显著。因此，利用政策鼓励发展物流城镇私企和个体企业可以提高区域就业。何晓雁（2022）提出服务制造业的智慧物流人才，需以熟悉智慧物流生产全过程，能够进行物流规划，熟练操作管理系统和设备，具备较强数据采集和分析能力为标准，同时可以承担保障性服务责任，顺利完成设备调试、故障排查、维护保养、零件更换、网络监控等服务工作。同时要了解物流运营管理知识技能，如能够准确判断智慧设备运行状况，依照物流各环节运行情况进行质量分析，为技术改进和系统升级提供建设性建议，积极创新服务形式，拓展服务内容等。对人才信息技术应用能力、智慧设备操作能力、思维方式、综合职业素养要求会更高，不仅要熟悉物流管理内容和流程，也要熟练掌握各种应用技能，还要具备一定创新思维。

（2）智慧物流人才培养路径分析

张庆梅（2024）在了解广西地区物流产业发展情况和对技能人才的需求的基础上，以广西交通技师学院为例，实施物流人才培养模式改革。用5年时间，人才培养定位由原来的传统物流服务人才，逐步向智慧物流服务人才、智慧物流技术人才、智慧供应链服务人才、智慧供应链管理人才转型升级。实施措施包括校企合作深度融合、共建实训基地、共建师资队伍、畅通实习就业通道等方面，最终通过人才培养模式的改革与创新，学院现代物流专业建设和人才培养成效显著，获得多项专业建设、课程建设、教学成果等荣誉。辛明等（2023）通过分析“两业融合”对现代物流管理专业人才培养的影响，探究现代物流管理专业人才的培养现状，从专业群对接产业链、重构专业课程体系、强化跨领域教师创新团队建设及创新产教融合方式等方面提出一些建议，以供行业参考。周培等（2022）对现代物流管理的专业建设质量现状进行分析后，加入了智能制造业与智慧物流两业融合的特殊背景，对现代物流管理专业建设的发展提出了相关建议。其在2023年提出两业融合给物流业提出了新的挑战和机遇，分析了两业融合背景下专业建设的质量评价目前所存在的问题，在此基础之上，根据指标体系的构架原则及依据，构建了符合两业融合背景的现代物流管理专业的质量评价指标体系，通过对权重方法的研究，最终确定采用层次分析法对指标进行重要性排序，并提出高职院校现代物流管理专业建设的对策建议。评价指标共有两业融合背景评价、两业融合投入评价、两业融合过程评价、两业融合成果评价4个一级指标，8个二级指标和35个三级指标。穆标（2024）分析了两业融合的背景与发展趋势，探讨了两业融合对物流管理人才的要求，并提出了两业融合背景下高校物流管理人才培养对策，具体方案包括重新定位人才培养目标，重建专业课程体系，创新人才培养模式，加强专业教师队伍建设，打造综合培养平台，以期培养更多具有智能制造背景的智慧物流管理人才。阮晓芳（2022）等以广西职业技术学院现代物流管理专业为例，从人才培养研究、创新教学团队打造、示范性实训基地建设、示范性产业学院建设等方面进行研究，探索两业融合背景下“双高”专业建设路径，旨在培养复合型智慧物流人才。王娟（2022）在对国家政策分析、地方产业发展调研的基础上，学校结合自身的专业优势在重新定位智慧物流人才培养目标，推动专业耦合共生；创新人才培养模式，优化教师队伍结构，共建智慧实训基地等方面进行了探索，并对两业融合下的智慧物流人才培养从产教融合、师资团队以及培养平台等方面提出了进一步的思考。何晓雁（2022）对服务智能制造的智慧物流人才供求状况进行研究，提出我国智慧物流人才需求量大，人才供给不足在很大程度上会给推进智能制造带来严重阻碍。为此，专业建设需要以产业规划为主要依据，结合市场需求和人才应用标准，制订切实可行的人才培养专项计划，推动智慧物流人才培养模式创新。喻珊（2022）经调研发现，企业未来5年需求最多的前五个智慧物流岗位的排序分别是智能仓储大数据分析、智能化仓库管理、智能化物流企业规划、智能化设备操作和智能化设备技术人员。对物流专业知识、职业能力、综合素质等方面提出了更新更高的目标和要求，既要具备懂物流，也要熟悉制造企业生产流程，职业能力要具备大数据分析和应用能力、智能化设备管理和使用维护能力、智能化企业管理系统开发和实施能力等。她分析广东高职院校现代物流管理专业人才培养与课程体系设置与实际需求不匹配，从重新定位培养目标、重构课程体系、打造创新型教学团队和改善实践教学条件四个方面，对两业融合背景下高职院校现代物流管理专业人才的培养提出了相关建议。李超等（2023）提出智慧物流人才培养，需要政府、行业组织、高校、企业多方联动，制造专业和物流专业之间相互联系、资源共享、师资共享，构建融合互通的人才培养机制，使智慧物流人才适应智能制造业生产全流程的需要。杨立娟（2023）提出物流工程专业人才培养模式从以下四个方面改革：一是构建背景（人才培养环境）、输入（资源配置能力）、过程（人才培养过程）、（成果）人才培养成果四维的人才培养质量评价体系；二是结合知识元重构理念，解析物流工程专业课程群体系；三是围绕“产、学、研、用”，从人才、内容、方式和横向上逻辑融合，通过修订实践教学体系、教学目标、搭建智能物流系统实践平台和组建师资队伍等构建实践教学体系；四是借助互联网海量资源，采用线上线下结合的教学方法，完善教学手段，形成人才培养维度表。

（3）智慧物流课程建设分析

蔡丽艳（2024）分析物流业制造业融合发展背景下福建省现代物流管理专业实践教学改革，提出在物流业与制造业融合发展的大背景下，福建省现代物流管理专业的实践教学应紧贴行业需求，明确实践教学目标，深化产教融合，根据学生能力的发展规律，构建现代物流管理专业的实践教学体系，并依托校企共建的综合实训基地，实现学生综合实践能力和创新能力的全面提升，为福建省现代物流行业的高质量发展提供人才支撑。提出现代物流管理专业产教融合、校企合作、学训一体、岗课融合、虚实结合、仿真模拟的实践教学模式创新，构建专业实践教学体系包括四个实践项目和三个实训中心，实践项目包括认知性实践、基础性实践、综合性实践、创新性实践四个层面，校企共建综合性实训基地，智慧仓储生产性实训中心、智慧运输与配送实训中心、智慧供应链运营实训中心等集“产、教、学、训、赛、创”于一体。马翔等（2022）以“智能物流技术与装备”课程为例，研究制造业物流业融合背景下课程思政建设，课程思政设计思路分别从经管类专业岗位特点和理工类专业岗位特点出发，确定守正创新和工匠精神两个主题课程思政主线。在智慧物流和智能制造两个领域提炼思政元素：一是从设备与技术本身蕴含的科技探索角度挖掘以塑造工匠精神为目标的理工类思政元素；二是从技术推动产业变革的商业创新角度挖掘以守正创新为目标的经管类思政元素。赵伶珊（2023）提出多元化课程开发是助力智能制造背景下的复合型智慧物流人才培养的关键，目前物流业人才需求存在极大缺口，尤其是智慧物流与智能制造融合背景下复合型人才的供应数量和质量都存在严重不足，高职专业教师所能够获取的智能制造场景下的实战经验仍然较少，学生对智能制造物流了解较少，两业融合下课程体系设计较少。她提出物流专业多元化课程开发思路：一是与信息工程、物联网相关专业等专业构建智能制造方向的物流管理专业群；二是以制造企业内部的业务流程来开发多元化课程。通过跨界组建创新型教学团队、校企联合共育人才、构建软件加生产综合实训基地、活页式等新型课程教材开发助力多元化人才培养等方式实施课程开发。唐军荣等（2022）从优化师资队伍结构和加强师资队伍内涵建设两个方面，提出两业融合背景下高职院校师资队伍建设的实现路径。

第三章　智能制造背景下的智慧物流人才需求分析

3.1　智慧物流产业链分析

3.1.1 物流产业链节点企业

物流产业链是指从原材料采购、生产加工、包装、仓储、运输、配送到最终消费者的全过程，以及与之相关的信息技术、金融服务等支持性环节所构成的完整链条。物流产业链的目标是通过优化资源配置和流程管理，降低物流成本，提高物流效率，满足客户需求。

物流产业链包括上游环节、中游环节、下游环节及支持性环节。

上游环节包括原材料供应商、物流硬件设备供应商、物流软件和服务商。

原材料供应商：为物流活动提供必要的物资支持，如运输车辆、仓储设施、包装材料等。

物流硬件设备供应商：这类企业专注于生产和供应物流所需的各类硬件设备，如自动化仓库设备、分拣设备、运输车辆、仓储设备、包装机械等。例如，音飞储存、润邦股份、天桥起重等企业在物流硬件设备领域具有代表性。

物流软件和服务商：提供物流信息系统、管理软件、物联网解决方案等技术支持的企业。这些软件和服务对于提高物流效率、优化资源配置至关重要。例如，唯智、用友等软件供应商在物流软件领域占据重要地位。

中游环节包括运输、仓储、装卸搬运、包装、配送等内容。

运输：通过陆运、海运、空运等多种方式，实现物品在不同地点之间的快速、安全、高效地转移。这是物流产业链的核心环节之一，直接关系物流的时效性和成本。

仓储：为物品提供存储和保管的场所，确保物品在存储过程中的安全和完好。仓储管理包括入库、存储、出库等一系列活动，对物流效率有重要影响。

装卸搬运：通过专业的设备和人员，实现物品在仓库、车辆等之间的快速、准确、安全地装卸和搬运。

包装：对物品进行包装，以保护物品在运输和存储过程中的安全和完好，并方便运输和搬运。

配送：根据客户需求，将物品从仓库或其他存储地点准确、及时地送达目的地。配送环节直接关系客户满意度和物流服务质量。

下游环节包括客户服务、售后支持等内容。

客户服务：提供优质的客户服务和售后支持，增强客户的满意度和忠诚度。

售后支持：包括退换货处理、客户投诉处理等，是物流产业链中不可或缺的一环。

支持性环节包括信息技术、物流咨询、物流金融等内容。

信息技术：包括物流信息系统、物联网技术、大数据、云计算等，为物流产业链提供技术支持和信息化解决方案。

物流咨询：为企业提供物流规划、方案设计、流程优化等咨询服务，帮助企业提高物流管理水平。

物流金融：为物流产业链中的各个环节提供融资、保险、结算等金融服务，降低企业融资成本，提高资金使用效率。

3.1.2 智慧物流产业链环节

物流产业链是一个复杂而庞大的系统，涉及多个环节和多个行业。通过优化资源配置和流程管理，降低物流成本，提高物流效率，可以满足客户需求并推动物流行业的持续发展。智慧物流产业链全景如图 3-1 所示。

物流企业类型多种多样，涵盖如仓储、运输、快递 / 快件、同城货运、第四方物流、物流园区、供应链管理与服务等各个环节。以下是对物流企业类型的主要分类。

运输型物流企业：以货物运输为主要业务的企业，包括海运、陆运、空运等多种方式。他们通常拥有自己的运输团队和设备，能够为客户提供个性化的运输方案。例如，中远海运、德邦物流等企业在运输领域具有显著优势。

仓储型物流企业：以提供仓储服务为主的企业，包括货物存储、保管、分拣等环节。他们通常在特定区域建立大型仓库，并利用先进的仓储管理系统满足客户需求。普洛斯等企业是仓储服务领域的代表。

综合服务型物流企业：这类企业提供运输、仓储、配送等全方位的物流服务，能够根据客户的具体需求提供一体化的物流解决方案。他们不仅具备强大的运输和仓储能力，还具备丰富的物流管理经验和资源整合能力。例如，顺丰、菜鸟等企业在综合物流服务领域具有领先地位。

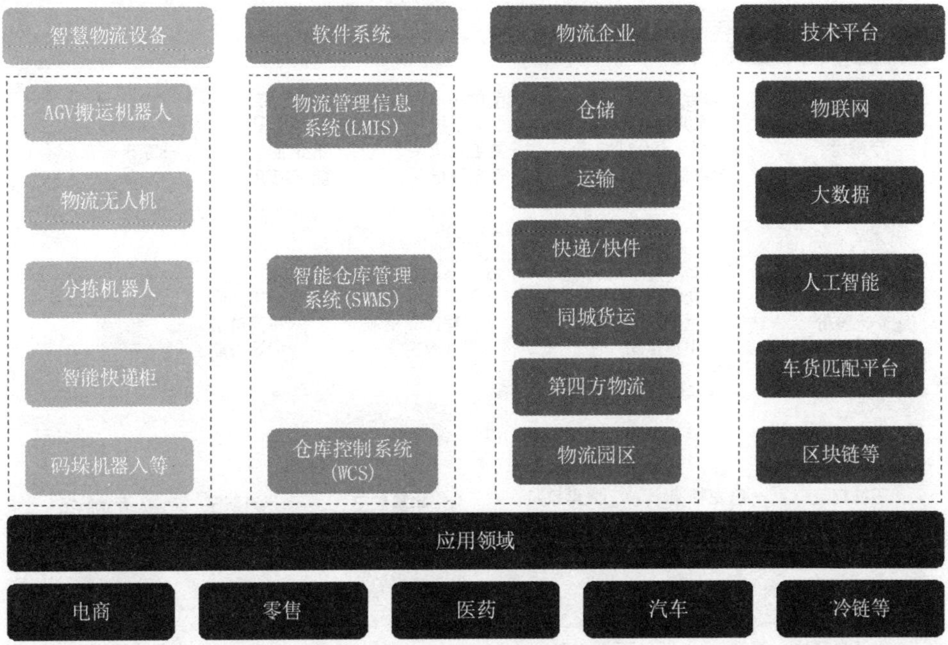

图 3-1 智慧物流产业链全景

供应链管理与服务企业：专注于为客户提供供应链管理和优化服务的企业。他们通过整合物流资源、优化物流流程、提高物流效率等方式帮助客户降低物流成本、提升市场竞争力。例如，象屿股份等企业在供应链管理与服务领域具有丰富经验。

物流产业链的下游企业：主要包括各类生产制造企业和商贸流通企业，如钢铁、煤炭、汽车、零售、医药等行业的企业。这些企业是物流服务的主要需求方，通过物流企业的支持实现原材料采购、产品生产和销售等环节的顺畅运行。

货代型物流企业：主要从事货物运输代理业务的企业，为客户提供货运代理、报关报检等服务。

配送型物流企业：专注于提供最后一公里配送服务的企业，如快递公司和外卖配送平台等。

信息型物流企业：利用信息技术和数据分析为物流行业提供信息服务和解决方案的企业，如物流信息平台和数据分析公司等。

电商物流企业：专门为电商平台和电商卖家提供物流服务的企业，如京东物流、菜鸟网络等。他们通过高效的仓储和配送服务帮助电商企业提高客户满意度和市场竞争力。

物流企业类型如图 3-2 所示。

图 3-2 物流企业类型

3.2 就业面向及岗位分析

3.2.1 物流产业链就业面向及岗位分析

分析产业链上企业的业务内容，收集不同企业物流相关岗位工作职责，智慧物流就业面向包括设计院、科研院所、物流装备企业、制造企业、物流企业、电商企业等。在设计院、科研院所，可以从事物流系统设计和物流关键技术研究等工作；在物流装备企业，可以从事物流系统规划设计、系统集成实施等工作；在生产制造企业，可以在规划部、物流部、供应链管理部等部门工作；在物流企业，可以从事供应链、物流运营管理、物流数据分析等工作；在电商企业，可以从事平台管理、供应商管理等工作。就业面向、岗位描述及岗位举例如图 3-3 所示。

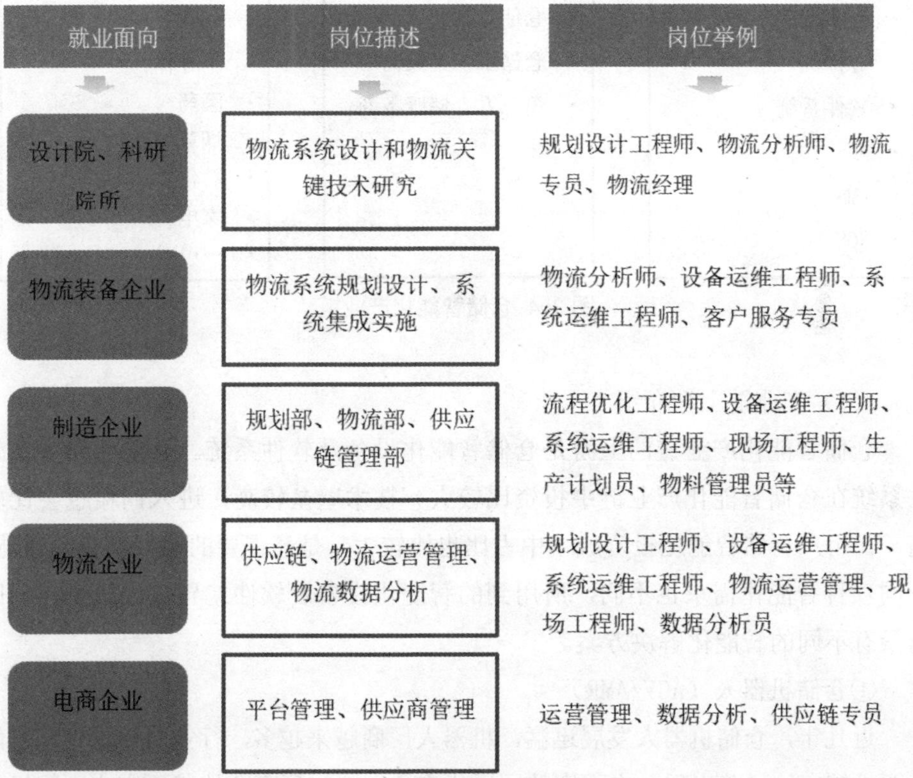

图 3-3 物流产业链相关岗位

3.2.2 仓储智能化产业链就业面向

以智慧仓储为例，仓储智能化产业链上游是仓储智能化设备及软件系统，中游为系统集成商及仓储服务商，下游为终端企业用户。仓储智能化产业链如图 3-4 所示。

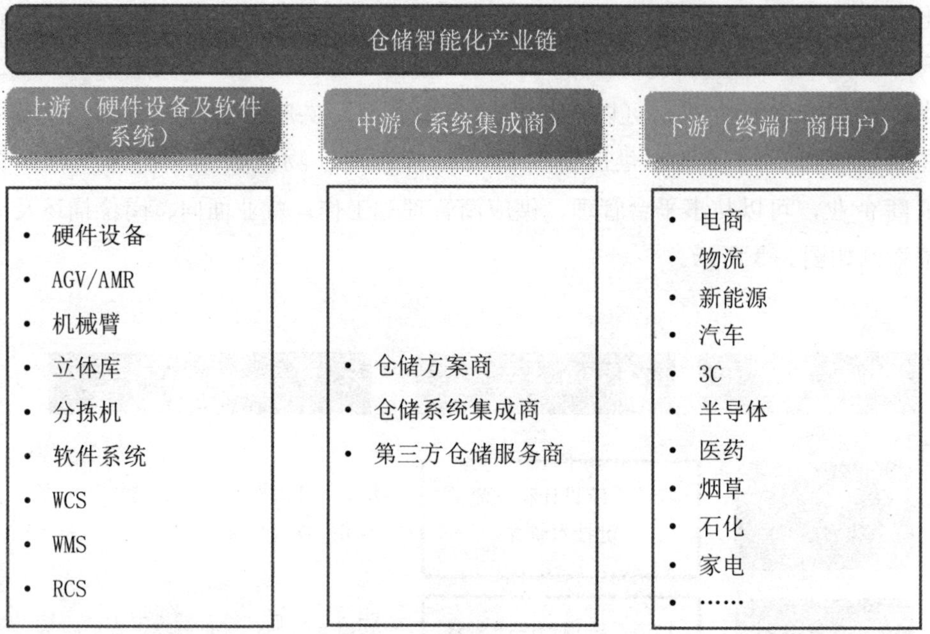

图 3-4 仓储智能化产业链

（1）产业链上游介绍

仓储智能化产业链的上游是仓储智能化设备及软件系统。智能化设备及软件系统在仓储智能化产业链中投资比较大、技术壁垒较高，进入门槛也会比较高，在用户仓储智能化投资成本中占比也比较大，是最重要的组成部分。当然，不同项目智能化需求也不同，所用到的智能化设备及软件差异也比较大，不同场景有不同的智能化解决方案。

①仓储机器人（AGV/AMR）

近几年，仓储机器人发展迅猛，机器人厂商越来越多，行业对软硬件研发能力要求较高，目前出现一定程度的同质化竞争态势，厂商开始基于客户不同场景的需求挖掘细分赛道进行差异化竞争，如箱式机器人、无人叉车等发展增速非常快，创新能力或将成为机器人厂商核心竞争力。在国内同质化竞争下，企业纷纷加速开拓海外市场，甚至有些企业成立伊始市场战略就定位于海外市场。

②软件系统

仓储智能化产业链中有涉及软件系统的企业主要分为两大类：一类是第三方软件服务商，另一类是硬件软件综合服务商。软硬件综合服务商可以被划分为硬件系统商或者系统集成商，在这里我们着重介绍的是第三方软件服务商。

第三方 WCS/RCS 软件商很少作为独立项目去与终端用户接触，更多的是为硬件商或者系统集成商提供配套服务，减少企业在软件方面的研发投入，降低项目成本，通过开放接口的形式，可实现不同设备或者不同品牌之间的兼容，满足项目的落地需求。

（2）产业链中游介绍

仓储智能化产业链中游为系统集成商及仓储服务商。系统集成商在仓储智能化中扮演“总导演”的角色，需要具备整体规划、系统设计和资源整合的能力，也需要对场景有深刻的认识，才能够让仓储各环节合理、经济、有效地运作，在整个产业链环节上系统集成商综合要求是最高的。目前比较知名的系统集成商大都是由仓储物流设备商或软件开发商演变而来，智能仓储集成商的智能仓储项目基本是定制化需求，所以智能仓储集成商主要采取直销的销售模式。仓储服务商主要提供第三方仓储服务，通过出租的形式来满足市场上不同企业的仓储需求，降低企业在仓储方面的成本，运用高效地运营来实现盈利，这类企业如鲸仓、发网、网仓、飞力达等。

（3）产业链下游介绍

仓储智能化产业链下游为终端企业用户。目前对仓储智能化行业需求度比较高的细分行业是新能源、汽车、3C、家电、半导体、电商、食品、服装等。产品多、标准化高的行业用仓储智能化概率大，新兴产业用仓储智能化居多，这与仓储智能化投入成本和自动化需求相关。当然传统行业不像新兴产业，新建厂房相对较少，而仓储智能化对厂区工作环境、复杂度都会有要求，所以在做仓储智能化项目前期勘察相当重要，旧厂房相对来说改造难度和成本会更大些，企业上仓储智能化意愿也就更低。

3.3 岗位职业能力分析

从大量理论调研、文献调研、实地调研中归纳分析两业融合背景下的智慧物流岗位，物流行业对人才的需求也由传统的流程化、劳动密集型物流人才向智慧物流复合型人才转型。这包括：既懂物流又懂生产的生产物流工程师，既懂物流管理又懂智能设备运维的物流运维工程师，既懂物流业务又懂信息技术、数据分析的物流数据分析师，既懂物流业务又懂供应链管理和优化的供应链规划师等。智慧物流复合型人才岗位如图 3-5 所示。

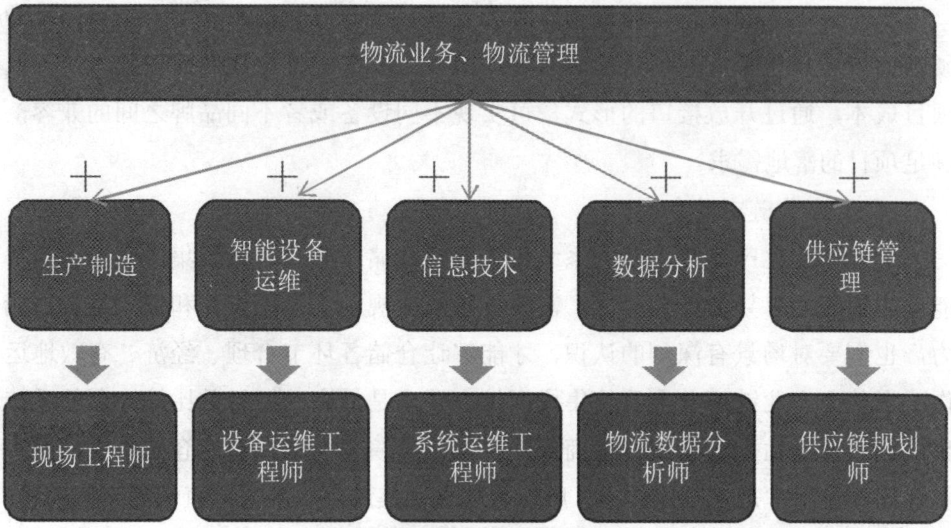

图 3-5 智慧物流复合型岗位

从调研的 50 余家智慧仓储企业，总结分析出目前智慧仓储企业的岗位主要包括智能仓储大数据分析师、智慧仓储规划设计工程师（售前方案规划或者项目经理）、智慧仓储现场实施工程师、智慧仓储系统实施工程师、智慧仓储设备运维工程师、智慧仓储系统运维工程师、智慧仓储运营岗位（收货员、验收员、质检员等）。通过进行大规模的调研问卷，以及行为事件访谈法，总结得出其中七种岗位的职业能力模型。

3.3.1 智能仓储大数据分析师

智能仓储大数据分析师按职业能力要求，分为初级、中级、高级、专家级四个等级。各等级岗位职业能力要求如下。

（1）智能仓储大数据分析师初级岗位

知识要求：物流管理日常业务处理流程、处理方法；基础数据采集、统计方法；基础技术语言；设备维养、安装等方法。

技能要求：物流基础业务操作能力；数据采集、清洗、处理能力；智能设备的装配、维养能力等。

素养能力：具有自主性、判断力，能够承担有限责任。

（2）智能仓储大数据分析师中级岗位

知识要求：物流企业管理实务知识；物流规划方法、技巧；设计语言、技术语言、产品管理等知识。

技能要求：物流企业业务运营管理能力；物流规划能力；数据分析与挖掘、算法设计；物流软件、硬件产品设计能力。

素养能力：具有良好的自主性、判断力、适应性和责任感。

（3）智能仓储大数据分析师高级岗位

知识要求：物流企业经营管理、物流运营优化相关知识；物流园区综合性规划方法、技巧；软硬件产品架构设计、市场拓展等相关知识。

技能要求：物流企业经营管理、运营优化能力；仓配综合规划能力；物流软、硬件产品架构设计、市场拓展与维护能力。

素养能力：具有较好的自主性、判断力、适应性和责任感，具体在一定领域里的专业咨询能力。

（4）智能仓储大数据分析师专家级岗位

知识要求：物流供应链运营、管理相关知识；前沿的软、硬件架构设计相关知识。

技能要求：物流供应链运营、管理能力；技术创新、产业创新能力。

素养能力：具有较强的自主性、判断力、适应性和责任感，并在物流领域具有专业咨询能力。

3.3.2 智慧仓储规划设计工程师岗位

智慧仓储规划设计工程师岗位职业能力模型如表 3-1 所示。

表 3-1 智慧仓储规划设计工程师岗位职业能力模型

岗位能力	岗位能力要求
素质能力	协助沟通各个部门，确保项目顺利进行 与客户进行技术交流 团队协作能力 项目统筹能力 执行力 计划能力 解决项目中遇到的突发问题 风险意识

续表

岗位能力		岗位能力要求
能力	知识能力	WMS 仓储管理系统知识 WCS 系统知识 ERP 系统知识 相关的自动化物流设备知识，输送线系统，自动化立体仓库，AGV, Shuttle 等 项目管理知识 集成智能物流设备和软件系统经验
	岗位技能	能熟练运用 Word 软件 熟练使用 Excel 软件 熟练使用 Visio 软件 熟练操作 AUTOCAD 绘图软件 撰写投标方案 撰写智慧仓储整体解决方案 项目进度表制定 熟练掌握智能仓布局规划设计 熟练掌握智能仓业务流程规划设计 熟练掌握生产线布局设计 熟悉防火墙、路由器、交换机等网络设备 熟练掌握 Solidwork/Flexsim/Plantsimulation 等仿真软件中的一种
态度和核心价值观		自主学习意识 责任意识 团队合作意识 终身学习意识 自我管理意识 积极进取精神
职业素养		保密意识 亲和力 诚信意识 主动性

以下是区内某物流企业中转场设计助理、中转场设计工程师、中转场设计高级经理岗位说明书举例。

岗位说明书
岗位名称：中转场设计助理 岗位设置目的： 根据公司营运资源战略规划，负责小型中转系统设备方案规划，优化中转流程，提高中转效率，并协助完成设计组内的日常工作及事务，确保设计团队工作高效开展。 主要职责： （1）负责中转场设计工作（包括场地评估、需求和数据分析、场地工艺设计；设备招标资料的撰写）； （2）负责设计资料档案管理； （3）协助设备采购和评审； （4）参与其他工程师项目设计； （5）协助设计组内的日常工作及事务。 评价标准： （1）场地设计工作完成数量及质量； （2）工作完成情况； 教育程度及专业要求： 专科或以上学历，物流类、机械类等相关专业。 所需工作经验 / 年限： 了解物流设备研发设计或布局规划，主要面向刚毕业大学生。 知识与技能： （1）了解各种物流设备和机械，如输送线、装卸设备、分拣机等物流设备； （2）了解输送线的电气控制原理； （3）能使用 CAD 绘图软件，Office 办公软件； （4）较好的总结、表达、沟通、团队协作能力，工作主动、认真、踏实、仔细、责任心强； （5）一定英语基础； （6）适应经常性出差。

岗位说明书

岗位名称：中转场设计工程师

岗位设置目的：

根据公司营运资源战略规划，主导中型中转系统设备方案规划，并配合高级工程师进行大型中转系统设备方案规划，确保具体项目设备投入顺利进行。

主要职责：

（1）负责中转场设计工作（包括场地评估、需求和数据分析、场地工艺设计；设备招标资料的撰写）；

（2）小型场地工艺设计方案审核；

（3）负责提供中转场跟建筑有关的周边设备的需求设计（如封闭式管理、监控、风扇、广播、LED 显示屏等工建相关布置）；

（4）协助设备采购和评审；

（5）带领及培养设计师。

评价标准：

（1）场地设计工作完成数量及质量；

（2）方案审核数量及质量；

（3）配套设计工作完成数量及质量；

（4）工作完成情况；

（5）培养工程师数量。

教育程度及专业要求：

专科或以上学历，物流类、机械类等相关专业。

所需工作经验 / 年限：

一年以上物流设备研发设计或布局规划相关工作经验。

知识与技能：

（1）熟悉各种物流设备和机械，如输送线、装卸设备、分拣机等物流设备；

（2）了解输送线的电气控制原理；

（3）熟练使用 CAD 绘图软件，Office 办公软件；

（4）较强的总结、表达、沟通、团队协作能力，工作主动、认真、踏实、仔细、责任心强；

（5）英语良好；

（6）适应经常性出差。

岗位说明书
岗位名称：中转场设计高级经理 岗位设置目的： 根据公司营运资源战略规划，组织推进搭建营运场地设备工艺流程设计标准体系，确保集团营运场地建设工作顺利开展。 主要职责： （1）管理全网中转场建设工艺设计工作进度； （2）管理中转场设备技术规范； （3）管理中转场设备工艺方案标准化； （4）管理中转场设备创新及引进； （5）协调和跟进项目进展。 评价标准： （1）设计工作进度； （2）规范的健全与完善、实施情况； （3）标准化的健全与完善、实施情况； （4）中转场设备创新及引进情况； （5）项目合格率。 教育程度及专业要求： 专科或以上学历，物流类、机械类等相关专业。 所需工作经验 / 年限： 五年以上大型物流设备研发设计或布局规划相关工作经验，有相关管理经验者优先。 知识与技能： （1）熟悉现场物流设计的基本原则； （2）熟悉输送线的电气控制原理，了解工建相关知识与一般建设流程； （3）熟悉室内物流规划项目的实施过程； （4）掌握物流规划知识，熟练使用 CAD 软件，Office 办公软件； （5）较强的总结、表达、沟通、团队协作能力，工作主动、认真、踏实、仔细、责任心强； （6）良好的英语听说读写能力； （7）能够适应较大工作压力，适应经常性出差。

3.3.3 智慧仓储现场工程师岗位

智慧仓储现场工程师岗位职业能力模型如表 3-2 所示。

表 3-2 智慧仓储现场工程师岗位职业能力模型

岗位能力		岗位能力要求
素质能力		学习能力 动手能力 团队协作能力 执行力 解决项目中遇到的突发问题 快速适应新环境的能力，如出差
能力	知识能力	熟悉 WMS 仓储管理系统知识 熟悉 WCS 系统知识 熟悉 ERP 系统知识 了解电气自动化基础知识 了解电工基础知识 相关的自动化物流设备知识，输送电系统、自动化仓库、AGV、Shuttle 等
	岗位技能	能熟练运用 Word 软件 熟练使用 Excel 软件 熟练使用 Visio 软件 熟练操作 AutoCAD 绘图软件 熟练 AGV 设备安装调试 熟练堆垛机设备安装调试 熟练四向穿梭车设备安装调试 熟练机械臂设备安装调试 熟练电子标签设备安装调试 熟练 PDA 设备安装调试 熟练输送线设备安装调试 智能物流设备培训方案制订 实施流程梳理
态度和核心价值观		自主学习意识 责任意识 团队合作意识 终身学习意识 自我管理意识 积极进取精神
职业素养		保密意识 亲和力 诚信意识 主动性

某物流企业相关岗位如场地规划助理、场地规划副高级经理、场地规划高级经理岗位说明书举例。

岗位说明书
岗位名称：场地规划助理 岗位设置目的： 根据公司业务发展需要，协助场地规划高级经理处理场地的规划、需求评估及投产后预期效果评估，满足公司营运场地战略需求落地。 主要职责： （1）按照全网标快、陆运干线、重货三个网络的营运场地规划的战略思路，指导场地规划与需求落地。 （2）具体跟进场地模块对各区具体场地规划功能、业务数据、面积、投入设备类型、投入使用、使用期限等需求分析，并跟进场地筹建进程和投入使用后所达成预期效果的评估。 （3）专业跟进全网现有场地的日常管理和规划场地的建设进度和投产后场地做好监督管理工作。 （4）通过现场、地区反馈、数据分析等各种渠道发现营运场地存在问题，并采取积极有效措施进行解决和场地规划的决策依据。 （5）积极完成上级领导交付的其他临时性工作。 评价标准： （1）充分理解与运用三个网络搭建思路。 （2）地区需求合理性评估。 （3）日常管理效果达成。 （4）解决相应问题。 （5）及时、准确。 教育程度及专业要求： 大专及以上学历，物流管理、供应链管理、工商管理及电子商务等专业优先。 所需工作经验／年限： 一年以上相关行业工作经验。 知识与技能： 熟悉本公司业务、运作流程等，具备较强的宏观规划和场地评估决策能力，具备较强逻辑分析能力及沟通表达能力；计算机及相关办公软件应用熟练。

岗位说明书

岗位名称：场地规划副高级经理

岗位设置目的：

根据集团发展战略，协助网络规划总监或副总监及场地规划高经处理营运场地的规划、需求评估、推动落地及投产后预期效果评估，满足公司营运场地战略需求落地。

主要职责：

（1）根据公司业务战略发展需要，统筹管理全网标快、陆运干线、重货三个网络的营运场地规划，并按场地需求推动相关部门按期投入使用等日常管理工作。

（2）根据公司发展战略和全网业务发展趋势及现有场地现状规划全网一、二级中转场及空侧场地短期、中期、长期场地，以满足各区业务发展需要。

（3）根据公司业务发展战略，做好场地年度规划、滚动跟进及合理地修正。

（4）统筹场地模块对各区具体场地规划功能、业务数据、面积、投入设备类型、投入使用、使用期限等需求分析，并跟进场地筹建进程和投入使用后所达成预期效果的评估。

（5）对全网现有场地的日常管理和规划场地的建设进度和投产后场地做好监督管理工作。

（6）推动场地规划的机制化、制度化，确保场地规划思路及策略的连续性和持续性。

（7）通过现场、地区反馈、数据分析等各种渠道发现营运场地存在问题，并采取积极有效措施进行解决和场地规划的决策依据。

（8）推动和监督地区、网规处全货机组、运力管理处（空侧场地获取）、生产工程处（场地获取与建设）、工建处等各部门协助网规处完成场地规划和投产后达到预期效果。

（9）做好场地数据库建设、场地规划优秀案例共享、经验沉淀、选址模型系统完善、场地规划模型及系统工作等建设及推广工作。

（10）设定团队成员的工作计划与工作目标，并对工作进行指导，带领团队及成员达成工作目标。

（11）积极完成上级领导交付的其他临时性工作。

评价标准：

（1）按计划完成工作任务。

（2）场地规划数据。

（3）地区需求合理性评估。

（4）日常管理效果达成。

（5）相关制度及机制。

（6）解决相应问题。

（7）达到预测推动效果。

（8）基础工作沉淀。

（9）工作目标达成情况。

（10）及时、准确。

教育程度及专业要求：

大专及以上学历，物流管理、供应链管理、工商管理及电子商务等专业优先。

所需工作经验 / 年限：

五年以上相关行业工作经验（其中最少一年本公司营运管理工作经历）。

知识与技能：

熟悉快递行业中转场地布局、运输线路规划，熟悉本公司业务、运作流程，具有整合资源、规划协调能力，具备较强的宏观规划和场地评估决策能力，具备较强逻辑分析能力及沟通表达能力；计算机及相关办公软件应用熟练。

岗位说明书

岗位名称：场地规划高级经理

岗位设置目的：

根据集团发展战略，协助网络规划总监或副总监处理营运场地的规划、需求评估、推动落地及投产后预期效果评估，满足公司营运场地战略需求落地。

主要职责：

（1）根据公司业务战略发展需要，统筹管理全网标快、陆运干线、重货三个网络的营运场地规划，并按场地需求推动相关部门按期投入使用等日常管理工作。

（2）根据公司发展战略和全网业务发展趋势及现有场地现状规划全网一、二级中转场及空侧场地短期、中期、长期场地，以满足各区业务发展需要。

（3）根据公司业务发展战略，做好场地年度规划、滚动跟进及合理地修正。

（4）统筹场地模块对各区具体场地规划功能、业务数据、面积、投入设备类型、投入使用、使用期限等需求分析，并跟进场地筹建进程和投入使用后所达成预期效果的评估。

（5）对全网现有场地的日常管理和规划场地的建设进度和投产后场地做好监督管理工作。

（6）推动场地规划的机制化、制度化，确保场地规划思路及策略的连续性和持续性。

（7）通过现场、地区反馈、数据分析等各种渠道发现营运场地存在问题，并采取积极有效措施进行解决和场地规划的决策依据。

（8）推动和监督地区、网规处全货机组、运力管理处（空侧场地获取）、生产工程处（场地获取与建设）、工建处等各部门协助网规处完成场地规划和投产后达到预期效果。

（9）做好场地数据库建设、场地规划优秀案例共享、经验沉淀、选址模型系统完善、场地规划模型及系统工作等建设及推广工作。

（10）组织、推动并梳理场地规划类各项日常工作及项目工作，保证整个团队工作目标的达成。

（11）搭建工作团队梯度，配置团队成员，并对团队成员进行培训，不断提升团队成员的工作能力。

（12）设定团队成员的工作计划与工作目标，并对工作进行指导，带领团队及成员达成工作目标。

（13）组织绩效面谈，评估团队成员的工作绩效并进行绩效辅导，开导员工职业发展规划。

（14）通过各种合理的管理方式，改善团队气氛，提高团队成员敬业度和忠诚度。

（15）积极完成上级领导交付的其他临时性工作。

评价标准：

（1）按计划完成工作任务。

（2）场地规划数据。

（3）地区需求合理性评估。

（4）日常管理效果达成。

（5）相关制度及机制。

（6）解决相应问题。

（7）达到预测推动效果。

（8）基础工作沉淀。

（9）工作目标达成情况。

（10）团队成员工作能力。

（11）工作目标达成情况。

（12）员工满意度。

（13）员工满意度。

（14）及时、准确。

教育程度及专业要求：

大专及以上学历，物流管理、供应链管理、工商管理及电子商务等专业优先。

所需工作经验 / 年限：

五年以上相关行业工作经验（其中最少一年本公司营运管理工作经历）。

知识与技能：

熟悉快递行业中转场地布局、运输线路规划，熟悉本公司业务、运作流程，具有整合资源、规划协调能力，具备较强的宏观规划和场地评估决策能力，具备较强逻辑分析能力及沟通表达能力；计算机及相关办公软件应用熟练。

3.3.4 智慧仓储系统实施工程师岗位

智慧仓储系统实施工程师岗位职业能力模型如表 3-3 所示。

表 3-3 智慧仓储系统实施工程师岗位职业能力模型

<table>
<tr><td colspan="2">岗位能力</td><td>岗位能力要求</td></tr>
<tr><td colspan="2">素质能力</td><td>较强的逻辑思维能力
动手能力
团队协作能力
执行力
计划能力
解决项目中遇到的突发问题
快速适应新环境力（如出差）
风险意识</td></tr>
<tr><td rowspan="2">能力</td><td>知识能力</td><td>网络技术专业知识
大数据专业知识
系统部署知识
组件架构知识
WMS 仓储管理系统知识
WCS 系统知识
ERP 系统知识
相关的自动化物流设备知识，输送线系统、自动化仓库、AGV、Shuttle 等
了解 WCS、WMS、RMS、ERP 系统的功能</td></tr>
<tr><td>岗位技能</td><td>能熟练运用 Word 软件
熟练使用 Exce 软件
熟练掌握 SQLSever 数据库
熟练掌握 Oracle 数据库
熟练掌握 MySQL 数据库
能够搭建 WCS 系统环境
能够搭建 WMS 系统环境
能够搭建 ERP 系统环境
能够执行智能仓数据实施部署
智能仓系统测试
智能仓系统联调
智能仓系统上线
系统使用培训方案制订
系统开发的验收，产品功能测试和系统对接测试
完成简单的程序编写
系统用户手册编写
功能需求书撰写</td></tr>
</table>

续表

岗位能力	岗位能力要求
态度和核心价值观	自主学习意识 责任意识 团队合作意识 终身学习意识 自我管理意识 积极进取精神
职业素养	职业素养 保密意识 亲和力 诚信意识 主动性

3.3.5 设备运维工程师岗位

设备运维工程师岗位职业能力模型如表 3-4 所示。

表 3-4 设备运维工程师岗位职业能力模型

<table>
<tr><th colspan="2">岗位能力</th><th>岗位能力要求</th></tr>
<tr><td colspan="2">素质能力</td><td>学习能力
动手能力
团队协作能力
执行力
计划能力
解决项目中遇到的突发问题
风险意识</td></tr>
<tr><td rowspan="2">能力</td><td>知识能力</td><td>设备维修知识
自动化设备电气原理
机械基本原理
熟悉电路图纸
了解机器人控制原理
了解自动化设备 PLC
了解控制单元的元器件故障点
相关的自动化物流设备知识，输送线系统、自动化仓库、AGV、Shuttle 等</td></tr>
<tr><td>岗位技能</td><td>能熟练运用 Word 软件
熟练使用 Excel 软件
对现场机器人、二维码等设备定期保养和维修
智能化设备运行维护保养规范建立
设备巡检、大修
机器人试运行期间配合系统技术部做联调
现场设备异常处理，并做好维修分析，记录异常原因
解决设备维修中的各种技术问题
优化自动化设备性能，负责自动化设备改造或改进的相关工作</td></tr>
</table>

续表

岗位能力	岗位能力要求
态度和核心价值观	自主学习意识 责任意识 团队合作意识 终身学习意识 自我管理意识 积极进取精神
职业素养	保密意识 亲和力 诚信意识 主动性

某物流企业机房运维工程师岗位说明书举例。

岗位说明书
岗位名称：机房运维工程师 岗位设置目的： 根据公司 IT 数据中心战略规划，组织搭建、完善 X86 硬件运维管理体系及机房现场运维体系，确保机房基础设施及设备稳定运行及用户现维需求高效交付。 主要职责： （1）负责总部数据中心机房运维及管理（人员出入、设备出入、安全管理、操作管理、运维管理等）； （2）负责 X86 服务器全生命周期运维管理； （3）负责机房运维及管理工作改善及优化； （4）负责配合完成内 / 外部及风险管控审计工作； （5）负责为地区 IT 提供机房基础环境运维、X86 服务器硬件； （6）负责完成上级交付的其他工作任务。 评价标准： （1）提供即时有效的技术支持； （2）基础环境巡检执行情况； （3）内部自检执行情况； （4）工作目标达成情况； （5）即时、准确。 教育程度及专业要求： 本科或以上学历，智能物流技术、计算机、机电等相关专业。 所需工作经验 / 年限： 一年以上大型 IDC 运维管理经验，具有物流行业机房运维经验优化。 知识与技能： （1）熟悉 Windows、Linux、ESXI 系统安装、配置和管理； （2）熟知机房运维相关流程、制度、规范、指引等； （3）具备数据中心机房基础环境运维必备技能； （4）具备 X86 服务器硬件故障诊断能力，能独立完成上架部署； （5）熟悉 VMware 虚拟化平台的运维及管理； （6）具备 X86 服务器全生命周期运维及管理能力； （7）了解存储、网络、数据库、中间件等专业方向基础知识；具备良好的沟通协调能力，有强烈的工作责任心、原则性和团队合作精神；工作态度端正，认真严谨、踏实稳重，能承受工作压力；熟练掌握 office 软件的使用。

3.3.6 系统运维工程师岗位

系统运维工程师岗位职业能力模型如表 3-5 所示。

表 3-5 系统运维工程师岗位职业能力模型

岗位能力		岗位能力要求
素质能力		人员架构力 计划能力 数据分析能力 目标管理能力 自我驱动能力 良好沟通能力 执行力 制度管理能力 财务管理能力 解决项目中遇到的突发问题 风险意识
能力	知识能力	熟悉 WMS 仓储管理系统知识 熟悉 WCS 系统知识 熟悉 ERP 系统知识 具备专业的仓储专业知识，包括货物的存放条件、分类保管以及盘点知识 熟悉货物堆码、苫垫技术知识 掌握货物分类保管及盘点的基本方法知识
	岗位技能	能熟练运用 Word 软件 熟练使用 Excel 软件 熟练使用 Visio 软件 制定运营制度，将物流制度与规范落实到日常管理工作 收集并反馈日常制度实施过程中的问题，根据问题完善相关制度 解答用户在使用操作过程中遇到的问题 负责商品的状态、库存等重要数据的维护 负责仓储商品保管、品质维护、设备设施管理 负责仓储 5S 管理 负责仓库物资出入库管理工作，落实仓库物资出入库管理制度 建立健全仓库物资管理制度 定期完成仓库物资台账梳理、盘点 定期记录、分析负责仓储的费用使用情况，协助提升仓储运输费用效能提升
态度和核心价值观		自主学习意识 责任意识 团队合作意识 终身学习意识 自我管理意识 积极进取精神
职业素养		保密意识 亲和力 诚信意识 主动性

3.3.7 供应链管理师岗位

供应链管理师岗位职业能力模型如表 3-6 所示。

表 3-6 供应链管理师岗位职业能力模型

岗位能力	岗位能力要求
素质能力	人员架构力 计划能力 数据分析能力 目标管理能力 自我驱动能力 良好沟通能力 执行力 沟通与协调能力 领导与团队管理能力 市场洞察力 持续学习与创新能力 解决项目中遇到的突发问题 风险意识
专业能力	供应链规划与管理能力 数据分析与决策能力 供应商管理能力 库存管理能力 物流管理能力 系统思维能力 跨文化交流能力
态度和核心价值观	自主学习意识 责任意识 团队合作意识 终身学习意识 自我管理意识 积极进取精神
职业素养	保密意识 亲和力 诚信意识 主动性

3.4 两业融合下智慧物流人才岗位综合分析

3.4.1 综合能力分析

（1）综合知识要求

跨学科知识：智慧物流人才需要掌握多学科知识，包括但不限于物流管理、计算机科学、自动化控制、数据分析等。智能制造的融入使得物流系统更加复杂，需要综合运用这些学科的知识来解决问题。

新技术理解：智慧物流人才应深入理解并紧跟智能制造领域的新技术、新工艺和新设备的发展趋势，如物联网、大数据、云计算、人工智能等，以便将其应用于物流系统的优化和升级中。

（2）专业技能要求

系统设计能力：智慧物流人才应具备物流系统设计和规划的能力，能够根据企业的实际需求，设计出高效、智能的物流系统。这包括物流网络布局、设备选型、流程优化等方面。

数据分析能力：在智能制造背景下，物流数据的重要性日益凸显。智慧物流人才需要掌握数据分析技能，能够从海量数据中提取有价值的信息，为物流决策提供支持。

自动化与智能化技术：智慧物流人才应熟悉自动化和智能化技术在物流领域的应用，如自动化仓储、智能分拣、无人配送等，并能够对其进行有效的管理和维护。

（3）职业素养要求

创新意识：智能制造的快速发展要求智慧物流人才具备创新意识，能够不断探索新的物流模式和技术，以适应行业的变化和发展。

团队协作能力：物流系统是一个复杂的系统工程，需要多个部门和团队的协作。智慧物流人才应具备良好的团队协作能力，能够与不同背景和专业的人员有效沟通，共同解决问题。

持续学习能力：智能制造技术更新换代迅速，智慧物流人才需要具备持续学习的能力，不断更新自己的知识和技能，以适应行业发展的需要。

（4）特定领域要求

智能制造与物流的深度融合：智慧物流人才需要理解智能制造与物流之间的紧密联系，掌握如何通过智能制造技术提高物流效率和服务质量。例如，了解智能制造中的柔性生产线如何与物流系统无缝对接，实现生产物流的自动化和智能化。

国际视野：随着全球化的深入发展，智慧物流人才需要具备国际视野，了解国际物流市场的动态和趋势，掌握国际贸易规则和标准，以便在跨境电商和国际物流等领域发挥更大的作用。

综上所述，智能制造对智慧物流人才提出了综合知识、专业技能、职业素养以及特定领域等多方面的要求。这些要求不仅反映了智能制造对物流行业的深刻影响，也指明了智慧物流人才培养的方向和目标。

3.4.2 岗位能力转变分析

从产业端角度分析，随着科技的快速发展，物联网、大数据、云计算、人工智能等先进技术被广泛应用于物流供应链领域。这些技术的融合应用，不仅提高了物流运作的智能化水平，还推动了供应链管理的数字化转型。

通过数字化转型，企业可以打破信息孤岛，实现供应链各环节的信息共享和协同作业，提高供应链的透明度和灵活性。

智能仓储：利用机器视觉、自动化设备等技术实现货物的自动识别、拣选和存储，提高仓储效率和准确率。

智能运输：通过无人驾驶技术、车载感知设备等实现运输路线的自动规划和车辆状态的实时监控，降低运输成本并提高安全性。

智能配送：利用人工智能技术进行路由规划、自动分拣等，通过无人机或自动驾驶配送车完成“最后一公里”配送，提高配送效率和客户满意度。

智慧物流的发展不仅提高了物流效率和服务质量，还逐步解放了产业劳动力。通过自动化和智能化手段的应用，许多原本需要人工完成的作业被机器和算法所取代，降低了对人工劳动力的依赖。自动化作业环节，在仓储、运输、配送等环节广泛应用自动化设备和机器人技术，减少人工操作环节和劳动强度。智能决策环节，利用大数据分析和人工智能技术进行市场预测、库存管理和运输路线优化等决策支持工作，提高决策效率和准确性。远程监控环节，通过物联网技术实现对物流过程的远程监控和管理，降低现场作业人员的数量和劳动强度。

从就业端角度分析，物流、供应链相关岗位，也从高流程化、弱社交的就业危险区转化为强社交、低流程化的数字化的相关工作，如智慧仓储系统实施工程师、智慧仓储规划设计师、数据分析师以及供应链管理师等，岗位需求突出了“数字化”“高技能”的提升，导致供需不匹配，而这也为职业教育的人才培养带来新的突破口。两业融合下智慧物流人才岗位的强社交、低流程化转变如图 3-6 所示。

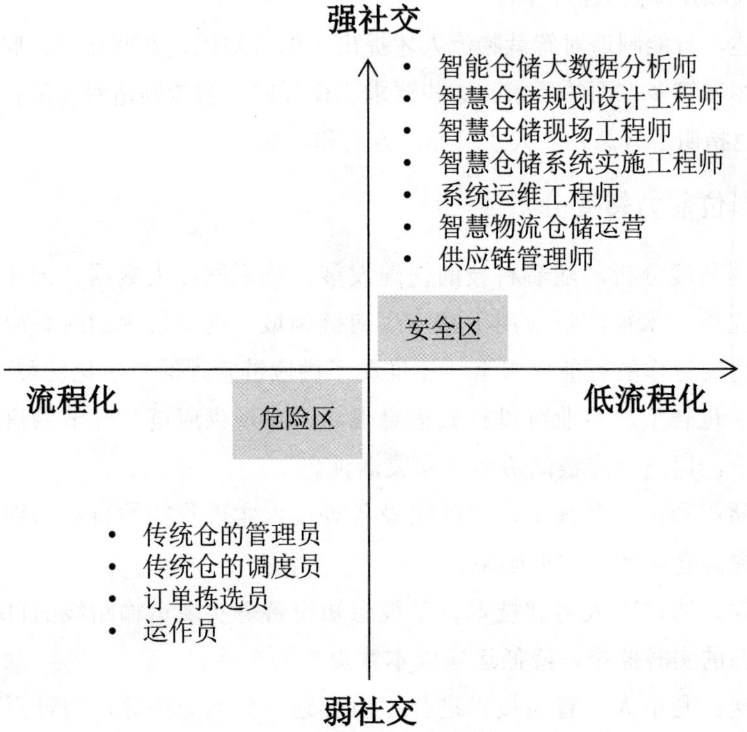

图 3-6 两业融合下智慧物流人才岗位的强社交、低流程化转变

同时，教育端也在不断调整专业适应产业发展，2021 年教育部印发《职业教育专业目录（2021 年）》，对物流类专业进行了新增、更名、归属调整等变动，体现了新技术对技术技能人才的新要求，更加聚焦行业岗位和职业需求，让物流类专业对接产业更全面，加速进化物流业的新格局，推动着职业教育物流类的“数智化升级”，如图 3-7 所示。

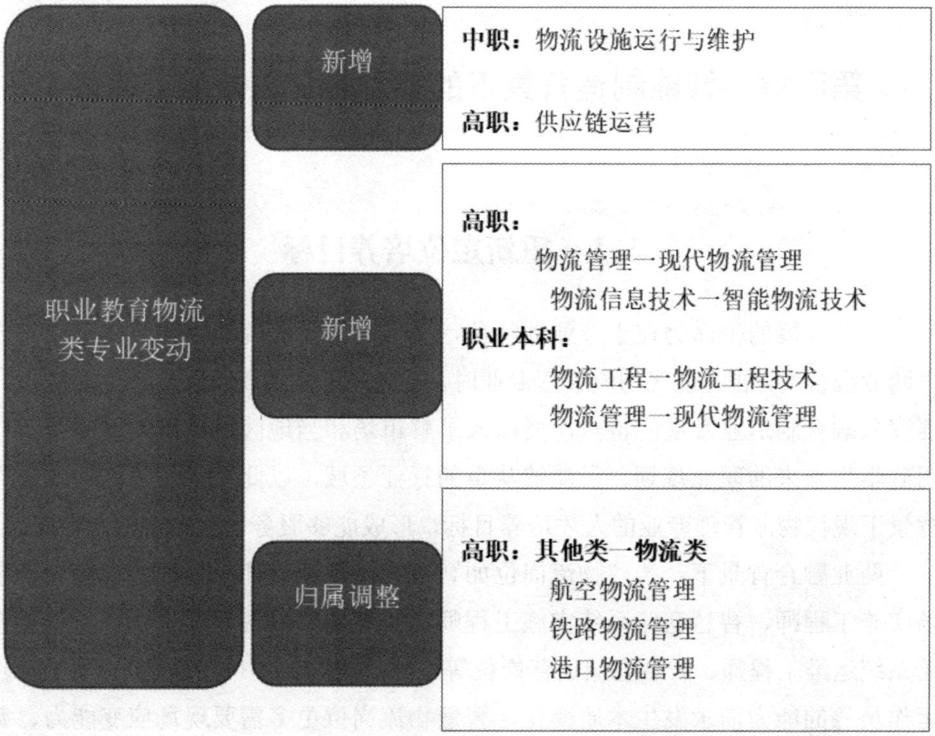

图 3-7 职业教育物流类的“数智化升级”

第四章　智能制造背景下的智慧物流人才培养路径

4.1　重新定位培养目标

专业发展的生命力在于专业的特色，尤其对于高职院校来说，在建设符合“两业融合”发展的现代物流管理专业时，要充分考虑到高职院校学生的特点，要深入融合制造业发展的特点，要深入了解市场和当地区域经济发展的特点，明确学生未来的职业规划、所能够从事的行业领域，以此来定位“两业融合”背景下现代物流管理专业的人才培养目标，形成能够服务当地经济的专业特色。

两业融合背景下，智慧物流岗位如智慧仓储规划设计工程师、智慧仓储现场实施工程师、智慧仓储系统实施工程师、智慧仓储设备运维工程师、智慧仓储系统运维工程师、智慧仓储运营岗位等，与传统物流岗位如仓管员、配送员、运作员等的能力需求发生本质变化，智慧物流岗位更多需要现场应变能力、数据分析能力、物流方案设计能力等解决复杂物流问题能力，人才培养目标应重新定位。

《内蒙古自治区国民经济和社会发展第十四个五年规划和二〇三五年远景目标的建议》提出，要构建绿色特色优势现代产业体系，推动国家重要能源和战略资源基地、农畜产品生产基地绿色发展高质量发展。促进农畜产品生产基地优质高效转型。坚持绿色兴农兴牧，坚持量水而行、节水为重，积极发展生态农牧业，提高农牧业质量效益和竞争力，增加优质绿色农畜产品供给，同时推动一、二、三产业融合发展，延伸农畜产品加工产业链条，提高农畜产品精深加工水平。

关于健全现代流通体系，《内蒙古自治区现代流通体系建设方案》指出，在社会再生产过程中，流通效率和生产效率同等重要，是提高国民经济总体运行水平的重要方面。现代流通体系能够更大范围、更高效率把生产和消费联系起来，有利于充分发挥市场在资源配置中的决定性作用，推动供需高效适配，促进财富创造和经济发展，对我区建设“两个屏障”“两个基地”“一个桥头堡”，更好地服务和融入新发展格局具有重要意义。完善绿色流通发展机制，统筹推进硬件和软件、渠道和平台建设，发展流通新技术新业态新模式，破除妨碍商品服务流通的体制机制障碍，降低企业流通成本。建设现代综合交通运输体系，完善交通运输市场，发展多式联运。完善现代商贸流通体系，培育现代流通企业，支持外贸企业发展同线同标同质产品业务，推动商贸流通设施改造升级、健康发展，推进“快递进村”工程。规范发展供应链金融，提供更多直达各流通环节经营主体的金融产品。加强应急物流体系建设。

现代流通体系建设重点工程之一就是农畜产品流通环节优化工程。其一是农畜产品产销直达渠道建设工程。衔接农批市场、连锁超市、电商等流通企业与农畜产品生产基地签订采购协议，发展联合采购、统仓统配等集约运营模式。建立覆盖全区的农畜产品信息平台，建立健全农畜产品市场供求信息和批发零售价格信息的采集、整理和价格形势分析发布机制。其二是农牧业流通环节标准化提升工程。完善农畜产品安全管理机制，在流通环节对产品质量进行把控，通过加工销售企业、合作社等带动农牧民提高专业化标准化水平。推进农畜产品标准与国际对接，推动自治区内外贸农产品“同线同质同标”。推进现代农牧业从生产到流通全产业链标准化试点。开展粮食和物资储备仓储管理等农畜产品有关技术标准和规范的制修订、解读、培训、试点示范和标准验证工作。其三是农畜产品产销互促加工提档工程。以消费需求引领流通加工，在蔬菜主产区引进蔬菜清洗、分拣、无损包装企业，发展净菜型、方便型、保健型、精品小包装等流通加工项目，提升冷冻菜、果蔬汁、蔬菜色素等精深加工比重。在各优势产区推进粮食产品精深加工，开发营养健康、药食同源的功能性产品。支持养殖企业建设现代化屠宰场，发展精细分割和冷鲜牛羊肉，开发牛羊骨血脏器等调理、保健和功能性特色肉制品。其四是特色优质农畜产品品牌培育工程。围绕重点优势产业和优质产品开展认证工作，进一步完善“蒙”字标标准体系、认证体系、产业体系、质量管控体系和综合服务体系，扩大“蒙”字标获证企业、认证产品覆盖面。持续打造天赋河套、锡林郭勒羊、呼伦贝尔草原羊、昭乌达羊、科尔沁牛、乌兰察布马铃薯、兴安盟大米等区域公用品牌，建立“区域公用品牌 + 企业品牌 + 企业产品品牌”的品牌推广模式。做强内蒙古乳业博览会、内蒙古中医药（蒙医药）博览会、内蒙古绿色农畜产品博览会等品牌展会，多渠道推介自治区优质品牌。支持企业在境外开展商标注册、体系认证，提升品牌海外竞争力。

智慧物流人才培养目标要结合智能制造、智慧物流、区域经济、行业领域、信息技术等方面重新定位。在智能制造和智慧物流深度融合背景下，培养适应内蒙古自治区区域经济发展需求，学生应具备扎实的物流管理理论基础和丰富的实践经验，能够熟练应用智能物流技术、智能制造技术和物流信息技术进行物流规划、运作和管理的高素质、复合型、创新型人才。掌握物流管理的基本理论、方法和技能，包括物流原理、物流系统工程、供应链管理、仓储管理等。熟悉智能制造技术，了解其在物流领域的应用，如智能仓储、智能分拣、智能配送等。精通物流信息技术，包括物联网技术、大数据分析、人工智能、云计算等，能够运用这些技术进行物流信息系统的设计、优化和管理。具备较强的实践操作能力，能够熟练操作智能物流设备，完成物流信息系统的建设和维护。具备创新精神和团队合作能力，能够适应物流行业快速变化和智能技术应用的发展趋势，参与物流智能化项目的设计与实施。具备较强的数据分析和决策支持能力，能够基于物流大数据进行智能决策，优化物流流程，提高物流效率。热爱社会主义祖国，拥护党的领导，具有良好的职业道德和社会责任感。具备健康的体魄、健全的人格和良好的心理素质，能够适应高强度的工作压力。具备较强的业务组织协调与管理能力，能够胜任物流企业的管理岗位。具备较强的学习能力和创新创业能力，能够持续关注物流行业的发展动态，不断更新知识，提升自我。

针对内蒙古自治区区域经济的特点，还应具备煤炭物流、冷链物流、粮食物流等行业物流知识。两业融合背景下智慧物流人才培养目标如图 4-1 所示。

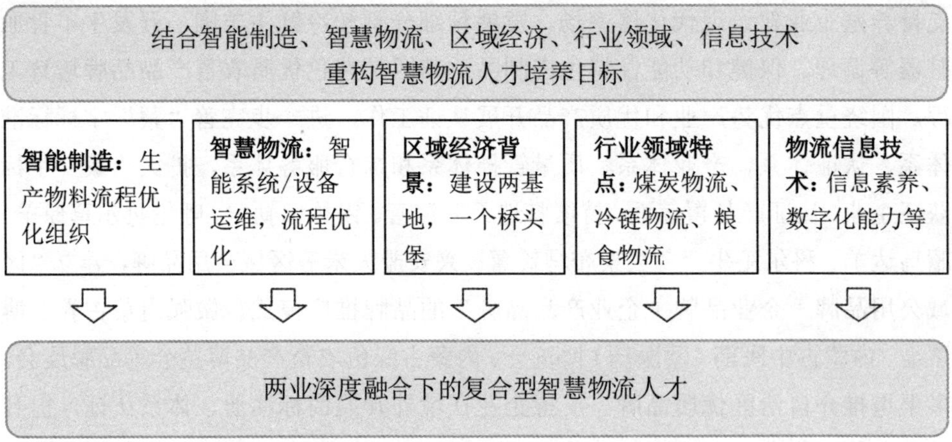

图 4-1 两业融合背景下智慧物流人才培养目标

4.2 重构课程体系

4.2.1 课岗融通：搭建职业教育与岗位需求桥梁

根据智能仓储大数据分析师、智慧仓储规划设计工程师、智慧仓储现场实施工程师、智慧仓储系统实施工程师、智慧仓储设备运维工程师、智慧仓储系统运维工程师、智慧仓储运营等岗位的职业能力要求，将课堂教学内容与实际工作岗位需求紧密结合，培养既具备扎实理论基础又精通实践操作的高素质智慧物流人才。

课岗融通的实现，要求教育机构深入了解智慧物流行业的最新发展趋势与人才需求，将最新的技术动态、管理理念和业务模式融入课程体系之中。通过开设如物联网技术、大数据分析、人工智能应用、智慧仓储与配送等前沿课程，为学生构建起全面而深入的智慧物流知识体系。

课岗融通还强调实践教学的重要性。教育机构应与企业建立紧密的合作关系，共同打造实习实训基地，让学生有机会在真实的工作环境中学习和应用所学知识。通过参与企业的实际项目，学生不仅能够加深对理论知识的理解，还能掌握解决实际问题的能力，为未来的职业发展奠定坚实的基础。

课岗融通还鼓励双师型教师的培养。这些教师既具备深厚的学术背景，又拥有丰富的行业实践经验。他们能够将自身的实践经验融入课堂教学之中，使课程内容更加贴近实际、生动有趣。同时，他们能为学生提供宝贵的职业规划建议和行业指导，帮助学生更好地规划自己的职业生涯。

课岗融通的教育模式为智慧物流人才的培养提供了有力支持，它不仅提高了学生的专业素养和实践能力，还促进了教育与产业的深度融合，为智慧物流行业的持续发展输送了源源不断的优秀人才。

4.2.2 课赛融通：以赛促学，提升专业技能与实战能力

（1）全国职业院校技能大赛智慧物流赛项

本赛项秉持供应链管理理念，以服务智能制造的生产物流为应用背景，目的是通过竞赛检验物流人才培养质量，创新物流人才培养模式，引领和促进高职院校物流类专业教学改革，激发和调动行业企业关注和参与物流类专业教学

改革；提升新时代物流人才的市场匹配度，培养学生的职业素养和工匠精神；展示参赛选手在运营管理、团队协作、现场问题的分析与处理、工作效率、质量与成本控制、安全及文明生产等方面的职业素养。该赛项对接产业行业、对应岗位（群）及核心能力如表 4-1 所示。

表 4-1 智慧物流赛项对应岗位（群）及核心能力

岗位（群）	核心能力（对应每个岗位（群），明确核心能力要求）
供应链管理	具有根据现有的供应商或生产商的数据，分析预测供应市场状况的能力
	具有制订和实施采购供应管理计划，保障销售计划或生产计划有效实施的能力
	具有设计和调整物流系统，对货物仓储、运输、装卸、配送等工作进行管理的能力
	具有编制和实施物料需求计划等能力
	具有选择与评价货运方案、最佳货运路线、方式和最低成本，提出运输工具及方法建议的能力
物流工程管理	具有物流设施平面布局、物流动线等物流系统辅助规划设计的能力
	具有精益物流改善方案辅助设计与实施的能力
	具有物流项目招投标、实施、运作管理与风险控制的能力
	具有常用物流装备类型、性能选型与数量配置的能力
	具有常用智能物流装备安装、调试和运维的能力
	具有物流系统流程优化、成本控制的能力
	具有将物联网、大数据、人工智能等现代信息技术应用于物流领域的能力
	具有常用物流法律法规和安全规范的运用能力
物流项目运营	具有现代物流仓储、配送、运输与供应链业务运营与管理的能力
	具有利用仓储物流管理系统与物流运输管理系统完成仓储方案执行、运输调度计划制订的能力
	具有利用大数据、人工智能等现代信息技术进行物流绩效评价与改进的能力
	具有物流业务流程设计、功能平面布局设计、物流动线设计的能力
	具有物流项目开发、执行、跟踪和物流市场开发、客户维护的能力
	具有物流国际货运代理、物流全过程追溯的能力
	具有探究学习、终身学习和可持续发展的能力

续表

岗位（群）	核心能力（对应每个岗位（群），明确核心能力要求）
物流数据分析	具有物流系统数据采集、分析处理与决策支持的能力； 具有对商务信息和物流数据进行分析与决策的能力； 具有对物流业务进行数字化管理的能力。

赛项以智慧物流系统规划设计、仿真建模与运行、系统实施为主要工作任务，包括 1+X 物流职业素养测试、智慧物流系统规划仿真与方案设计、智慧物流系统方案实施与方案汇报答辩三个模块。

① 1+X 物流职业素养测试模块

该模块要求参赛队根据提供的赛题完成职业能力、职业素养、生产安全、环境保护等方面的测试。测试时间 40 分钟，占总分值的 10%，重点考核选手物流专业知识和对物流行业新技术、新工艺、新规范、新要求的理解和掌握情况，全面考查选手关于现代物流与供应链管理的职业能力水平和素养。

②智慧物流系统规划仿真与方案设计模块

该模块要求参赛队根据提供的任务背景及相关数据，进行智慧物流系统规划设计，并运用系统完成仿真。竞赛时间 240 分钟，占总分值的 60%。参赛队依据提供的背景资料和数据，完成智慧物流系统规划仿真，包括智能生产场景规划设计、智能物流功能区域布局设计、智慧物流作业环节设计、智慧物流系统仿真与优化分析；完成智慧物流系统规划仿真演示文稿的制作（该演示文稿将用于模块三汇报答辩）；完成智慧物流系统实施方案设计（该方案将用于模块三实施）。样题如下。

智慧物流系统规划仿真与方案设计样题

（1）任务背景

世纪科技是一家创意小家电研发、设计、生产和销售的实业型企业，主营产品包括智能音箱、可视化门铃、智能摄像头等产品。在数字化及服务型制造转型发展背景趋势下，公司于安徽省合肥市新建“智能制造 2025”示范工厂，占地面积约 6400 平方米，年产量超过 80 万件。为了有效提高公司生产运营效率、改善产品质量，较好服务客户需求，公司现计划对原有生产车间改造升级，计划占地面积为 10 米 ×20 米，包含原材料存储库与装配车间，目前已初步确定未来计划投入使用的主要硬件设备种类，具体为：

原材料存储库（10 米 ×10 米）：采用货到人（GTP）作业模式与搬运机器人（AGV），主要用于原材料的存储与搬运；

装配车间（10 米 ×10 米）：采用点到点（P2P）作业模式与搬运机器人（AGV），主要用于装配车间原材料补给。

（2）项目任务书

任务描述：结合公司存储 / 装配车间信息及生产物流等任务基础数据，完成智慧物流系统规划方案。

①智能生产场景规划分析

结合物料需求、产品属性、存储能力、设备配置等关键参数，完成原材料存储搬运及产成品存储搬运典型生产物流场景的规划设计。

具体任务要求如下：

（a）原材料供应分析：根据原材料供应商能力评估标准，在给定供应商中，对其进行综合多维度评估，选择合适的供应商进行合作。

（b）原材料需求分析：根据企业产能和产线规划，计算各原材料所需数量。

（c）原材料存储情况分析：根据原材料存储信息，确定原材料存储所需货架与料箱数量。

（d）智能设施设备需求分析：根据生产运作效率，计算原材料存储库 AGV 数量、工作站数量（入库 + 出库）、充电桩数量等。

②智慧物流功能区域布局设计

结合背景资料中给出的物流设施设备，结合相应参数，完成生产物流系统相应功能区域、设施设备动线及站节点的布局设计。

具体任务要求如下：

（a）完成物流功能区域规划设计。

（b）完成设施设备站节点在不同功能区域的点位设计，并完成路径规划。

（c）输出相应布局规划结果，以截图方式保存有路径规划的地图。

③智慧物流作业环节设计

根据不同生产节拍及物流需求，完成生产物流作业环节分析、原材料运输作业设计。

具体任务要求如下：

（a）生产物流作业环节分析：根据生产及物流数据，完成原材料存储及搬运、原料库至产线配送、产成品下线搬运等作业环节分析，以保证生产及物流全流程的有效运营。

（b）原材料运输作业设计：根据原材料供应需求，结合供应商位置等信息，进行合理的运输路径规划。

④智慧物流系统仿真

结合原材料存储信息、作业任务信息等，完成系统配置、仿真，并对仿真数据分析。

具体任务要求如下：

（a）物流仿真：对上述各任务分项中的场景规划、布局设计等进行仿真验证，并输出及留存相应技术文件。

（b）数据分析：综合整体规划设计及仿真结果，对仿真运行的数据进行分析，提出优化改进方案。

⑤演示文稿制作

根据以上规划内容，制作方案汇报的演示文稿。

③智慧物流系统方案实施与方案汇报答辩模块

智慧物流系统方案实施要求参赛队根据本队已完成的生产作业实施方案，运用技术平台及物流设备完成相应运行操作，时间 30 分钟。方案汇报答辩要求参赛队对规划分析过程及设计仿真结果进行汇报答辩，时间 15 分钟。该模块占总分值的 30%。其中，智慧物流系统方案实施部分，占总分值的 20%。参赛队根据智慧物流系统实施方案，分工协作，按要求完成生产作业策略配置，执行原材料入库作业计划，并根据生产需求完成生产补料和产成品存储任务。方案汇报答辩部分，占总分值的 10%。参赛队根据智慧物流系统规划仿真演示文稿，进行汇报和答辩。样题如下。

智慧物流系统方案实施样题
（1）任务背景 世纪科技是一家创意小家电研发、设计、生产和销售的实业型企业，主营产品包括智能音箱、可视化门铃、智能摄像头等产品。在数字化及服务型制造转型发展背景趋势下，公司于安徽省合肥市新建“智能制造 2025”示范工厂，占地面积约 6400 平方米，年产量超过 80 万件。 （2）项目任务书 请根据任务基础数据，按要求完成作业策略配置和原材料入库任务，并基于生产计划进行生产补料、齐套检查和成品存储。 ①作业策略配置 （a）电子拣选区用于存储包装材料、货到人存储区用于存储其他原材料，自动化立库区用于存储产成品，请完成智能音箱 A 所对应原材料和产成品的存储策略设置。 （b）根据存储区、装配工序和搬运机器人数据，分析计算智能音箱 A 各原材料补料点，并完成补料规则设置。 ②原材料入库 根据 BOM、现有库存数据及装配工序数据，综合考虑工位配送效率优先，制订原材料的入库作业计划，并完成入库作业。入库后的库存需满足未来 1 小时生产所需，入库量应为各原材料 1 个周转箱存储量的整数倍。 ③生产补料 在系统中下达 45 个智能音箱 A 产品的排产指令，并完成生产补料的组织管理。按要求完成下列任务： （a）根据排产计划，完成班次开始前的初始补料作业，并进行物料齐套性检查。 （b）在系统中下达排产指令，系统按照节拍自动完成模拟仿真流程，并根据配置驱动生产补料和产成品下线指令的自动下达。 （c）结合补料配置和作业看板提示，及时完成 JIT 生产补料作业，避免出现停工待料。 ④成品存储 随时跟进作业看板，根据进度完成生产下线后产成品的入库作业。

（2）全国职业院校技能大赛供应链管理赛项

赛项主要考查选手供应链管理职业素养、供应链规划设计、供应链仿真运营与数据分析和综合表达能力。赛项内容考虑产教融合，对接新技术、新产业、新业态、新模式，设计供应链职业“岗”位所需要的主要技能点，考虑职普融通，与相关专业人才培养有机结合，设计“课”“证”实战技能，以全面提升参赛选手的系统性供应链思维、现代供应链技术应用和实战协同能力，通过竞赛引领和促进教学内容与方法的升级迭代。

赛项为全国职业院校提供交流互动的机会，促进职业教育与实践有机结合，促进院校人才供给与产业需求对接，实现产教融合、校企协同育人，缩短人才供给与需求链条。赛项对接供应链管理服务业，对应岗位（群）及核心能力如表 4-2 所示。

表 4-2 对应岗位（群）及核心能力

岗位（群）	核心能力 [对应每个岗位（群），明确核心能力要求]
面向客户管理、采购管理、生产管理、物流管理、供应链运营岗位群	1. 具有市场需求预测与客户管理、制订供应链销售与运营计划的能力； 2. 具有供应商开发、评价、维护、管理和执行采购工作的能力； 3. 具有供应链生产计划编制、实施与控制的能力； 4. 具有供应链智能仓配中心运营与库存管理控制的能力； 5. 具有运输线路优化设计与供应链运力调配的能力； 6. 具有供应链金融客户管理与风险控制的能力； 7. 具有供应链计划与协调、流程优化与绿色低碳运营的能力； 8. 具有将物联网、大数据、区块链等现代信息技术应用于供应链运营领域的能力。
面向国际市场采购专员、国际市场营销推广专员、国际市场销售专员、跨境电商营销专员、国际商务专员等岗位群	1. 国际市场调研和客户分析能力； 2. 具有面向业务层面进行成本核算和财务分析的能力； 3. 具有进行全球采购与供应链的规划、执行、控制与评价的能力； 4. 具有在业务层面运用供应链数据分析方法解决问题和辅助决策的能力。

续表

岗位（群）	核心能力 ［对应每个岗位（群），明确核心能力要求］
面向跨境电商运营专员、海外推广专员、跨境电商数据分析专员、跨境电商客服专员、跨境物流专员等岗位群	1. 具有制订跨境电子商务物流方案能力，完成产品采购、仓储、发货、服务商管理、进程跟踪、物流数据分析、异常处理、风险预警； 2. 具有良好的跨文化沟通和外语表达能力，能回复客户咨询、跟踪客户订单、分析客户数据、维护客户关系； 3. 具有适应国际贸易数字化发展需求的信息技术、数字技术应用能力。

本赛项内容包括供应链管理职业能力测评、供应链规划设计、供应链仿真运营与数据分析汇报答辩三模块。

①供应链管理职业能力测评

供应链管理职业能力测评模块满分 100 分，占总分 10%，竞赛时间为 40 分钟。在竞赛中合理地融入课程思政，加强思想价值引领。围绕供应链管理基础知识，包括供应链管理的概念、供应链战略规划与管理、供应链需求预测、供应链采购与供应设计、供应链库存决策、供应链运输与配送规划、供应链网络设计与优化、供应链关系管理、供应链协调、供应链绩效管理、供应链信息管理与信息技术、不确定环境下的供应链管理等内容，考查选手对供应链理论知识的掌握程度以及灵活运用程度。每支队伍所有成员均需上机考试，参赛队最终成绩为 4 名选手得分的平均分。

②供应链规划设计

供应链规划设计模块参赛队按要求完成供应链规划设计。主要任务包括生产与服务设施选址、供应链网络优化、供应商评估与选择、客户分级、外包物流服务商评估与选择、需求预测处理、产能规划与调控，并提交方案至平台。满分 100 分，占总分 40%，竞赛时间为 180 分钟。基于企业静态历史经营数据、企业经营方略及企业供应链运行现状，在各自独立的竞赛环境中，完成供应链规划设计。主要任务包括生产与服务设施选址、供应链网络优化、供应商评估与选择、客户分级、外包物流服务商评估与选择、需求预测、产能规划与调控等。供应链规划设计模块样题如下表所示。

供应链规划设计模块样题

一、任务背景

DL科技是一家无人机生产制造企业，从2015年开始进入无人机行业，至今已深耕8年，秉持创新、合作、优质的产品发展战略，通过研发创新、开放合作和清晰的市场定位，DL无人机销量稳步提升，已经成为无人机领域的佼佼者。随着市场的逐步稳定，为响应国家绿色、低碳、环保的供应链政策，也为了满足企业的发展要求，DL无人机着手对供应链进行系统性规划设计。

二、项目任务书

为完成对供应链系统进行改造，供应链管理部门首先梳理了以下信息。

（1）区域供应商仅为区域工厂供货，非特殊情况，不允许跨区域调货；

（2）若工厂调整生产方案，区域内供应商可根据工厂需要调整定制零部件；

（3）采购供货时由生产性配送中心负责对原料做初次处理，供应商不允许直送产线；

（4）管理部门希望将现有物料的供应商配送供货机制，更换为主机厂循环取货机制，循环取货利用自有运输资源进行取货配送；

（5）供应商供货过程发生质量问题或延期问题时，即便供应商采取补救措施也不影响生产，仅记录问题，用以进行供应商绩效评估；

（6）公司旗下所有产品均可销售给所有分销商；

（7）分销商每周上报一次采购计划，工厂根据客户采购计划进行排产；

（8）企业产品配送采用外包物流的方式，产品完成出厂检测程序后，将直接从工厂配送至分销商。

请结合以上信息及提供的供应链业务数据，完成以下改造任务。

（1）生产与服务设施选址

管理部门欲以郑州工厂作为改造试点，经同郑州航空港经济综合试验区管委会协商，企业获批一块仓库用地的预审批。请结合区域供应商供货位置、工厂位置，以现有产线生产一件产品为基础需求，利用重心法，完成最适宜配送中心坐标的测算，并在选定该配送中心后，设定最优循环取货路线，计算取货物流成本。物流成本＝取货物流成本＋入厂转运物流成本，单位运输成本为0.3元／公里·立方米，入厂转运物流单程距离不超过2公里。

（2）供应商评估与选择

为响应国家“双碳”战略目标，体现企业社会责任，采购部门需要了解各供应商的环保评级。管理部门将环保因素的影响权重设定为0.2。管理部门决定基于成本、质量、供应能力、响应性、环保五大指标重新进行供应商评估，请分别计算各供应商最近一年的采购总成本、不良品率、最大供货量（按套计算）、交货准时率、环保评级，并借助平台提供的工具确定指标权重，计算供应商最终加权得分，并确定一家供应商。

（3）客户分级

管理部门决定对各分销商的客户等级进行重新划分，请根据提供的业务数据中的购买量、购买金额指标，并借助提供的工具，采用K-means聚类法将专营店分为三类。

（4）外包物流服务商评估与选择

管理部门欲采用AHP层次分析法，从外包物流服务商的成本、效率、服务、设施设备水平等4个方面12个指标进行评估，选择最合适的外包物流服务商。通过对多位专家的问卷调查，确定了各指标的相对重要性，并基于九分制标度确定了判断矩阵，且通过了一致性检验。请基于判断矩阵，采用加权平均法确定各项指标权重，并根据聘请的专家通过德尔菲法对评价指标制定的评分表，计算各外包物流服务商的最终得分。

（5）需求预测处理

企业需要对客户的采购量进行预测，以便提前安排生产计划。请基于系统提供的业务数据，以均方误差小于10为目标，针对给定产品和分销商，选择预测模型，设置模型参数，预测客户需求。

（6）产能规划与调控

为了降低生产成本，提高生产效率，请基于历史销量，调整工厂的工艺及产品，使得生产总成本及运输总成本之和最低，其中运输总成本计算时单位运输成本按10元／公里·辆计算。

③供应链仿真运营与数据分析汇报答辩

供应链仿真运营模块满分 100 分，占总分 40%，竞赛时间为 180 分钟。基于供应链规划设计模块相同初始环境、企业动态经营发展数据、企业经营方略及企业供应链运行现状，在各自独立的竞赛环境中，进行供应链仿真运营。主要任务包括库存控制策略制定与优化、仓储作业流程优化、生产计划执行、运输与配送方案优化与实施、逆向物流方案优化与实施、供应链融资决策、供应链风险控制方案与处理。运营过程中，采集并分析客户订单数据、采购订单数据、产能数据、物料库存数据、仓储配送数据、销售数据、财务数据等供应链运营关键数据，形成可视化分析报告。

数据分析汇报答辩模块满分 100 分，占总分 10%，竞赛汇报答辩时间为 12 分钟。参赛队以小组形式参与答辩，通过可视化数据分析报告，复盘并阐述供应链仿真运营过程中的经营方略、策略优化方案、计划执行结果、风险应对措施及金融控制策略。

供应链仿真运营与数据分析汇报答辩模块样题如下表所示。

供应链仿真运营与数据分析汇报答辩模块样题

一、任务背景

DL 无人机是一家无人机生产制造企业，从 2015 年开始进入无人机行业，至今已深耕 8 年，秉持创新、合作、优质的产品发展战略，通过研发创新、开放合作和清晰的市场定位，DL 无人机销量稳步提升，已经成为无人机领域的佼佼者。随着市场的逐步稳定，为响应国家绿色、低碳、环保的供应链政策，也为了满足企业的发展要求，DL 无人机对供应链系统进行了重新规划与改造。

现公司在更新改造后的供应链网络中，与选定的合作伙伴一起开展 DL 无人机的生产与销售业务，供应链管理部门四名成员需分工协作，完成采购、生产、配送与营销业务，在运营过程中时刻关注运行情况，根据市场变化和各类事件作出策略调整和应对处理，以实现供应链整体运营的绩效提升。

二、项目任务书

基于已经构建的供应链网络和经营战略模拟供应链运营全过程。模拟运营节拍以周计算，一个财年共计 4 个季度 52 周，每季度为 13 周。根据平台给定的业务数据及事件通知，制定合理采购、生产、运输、仓储、配送、销售、融资策略，完成三个财年的仿真运营；市场需求数据由系统基于历史数据模拟给出，仿真模拟过程中，可以针对单一节点进行优化；在运营过程中，选手需要时刻关注运营信息，适时决定是否调整运营策略，并对系统发出的市场、供应、生产和物流等风险事件通知进行及时处理；在每一季度运营结束后，团队可以根据运营绩效决定是否调整原有网络规划和供应商、物流商，如调整将增加运营成本；不调整则继续运营。

选手需要分别扮演采购、生产、物流、营销四个角色协同运营，每个角色任务如下。

1. 营销角色

（1）需求预测。分析给定数据，选定合适的需求预测模型，优化需求预测模型参数。

（2）营销活动。分析给定数据，结合影响产品销量的相关因素，设定合适营销活动。

（3）客户发货优先级调整。结合客户等级、应收账款情况、当前工厂产能，对客户发货优先级进行调整。

（4）供应链融资。根据企业经营要求，选择合适的融资方式，完成融资及还款操作。

（5）市场风险监控。监控市场环境、客户需求、资金周转与融资等方面的风险，并传达给团队成员，协同完成风险应对措施制定。

2. 采购角色

（1）采购策略调整。根据制订的物料需求计划，调整采购策略，生成采购计划。

（2）物料配送策略调整。根据生产工艺及要求，调整物料配送策略及路线。

（3）仓内作业策略调整。根据企业经营要求，调整原料配送仓仓内作业流程及策略。

（4）供应风险监控。监控供应商生产、履约和物料配送过程中的风险，并传达给团队成员，协同完成风险应对措施制定。

3. 生产角色

（1）生产计划制订：根据已审批客户订单及需求预测结果制订生产计划；

（2）物流需求计划：根据制订的生产计划，制订物料需求计划；

（3）产能规划与调控：根据企业经营需要调整产线及配套产能；

（4）工厂布局调整：根据企业经营需要，开设或关闭工厂；

（5）生产风险监控：监控产线运行、物料供应、产品质量等方面的风险，并传达给团队成员，协同完成风险应对措施制定。

4. 物流角色

（1）产品配送计划：根据客户订单需求，选定合适物流外包商，制定产品配送策略；

（2）运输资源调控：根据企业经营需要，调整运输资源；

（3）仓网调整：根据企业经营需要，开设或关闭仓库；

（4）物流风险监控：监控天气、道路、车辆等方面的风险，并传达给团队成员，协同完成风险应对措施制定。

（3）“一带一路”暨金砖国家技能发展与技术创新大赛智慧仓储与生产物流运营赛项

智慧仓储与生产物流运营赛项设置旨在推动“一带一路”沿线国家及地区在智慧物流、智能制造领域的技术创新与人才培养，促进技术交流与合作，共同提高区域产业链供应链现代化水平。

竞赛内容围绕智慧仓储与生产物流运营的核心环节，包括但不限于智能仓储系统设计与优化、物流路径规划、自动化搬运与分拣技术、物联网与大数据在物流领域的应用等。

竞赛评分标准包括技能操作水平（如设备操作准确性、效率等）、创新实践能力（如技术创新点、解决方案的实用性等）、团队协作与沟通能力（如团队配合默契度、问题解决能力等）、成果展示与答辩表现（如报告撰写质量、答辩清晰度等）。

（注：以上赛项内容依据赛项通知整理，具体规程应以官方发布的正式文件为准）

（4）“一带一路”暨金砖国家技能发展与技术创新大赛智能制造设备技术应用赛项

智能制造设备技术应用赛项是在“一带一路”倡议背景下，为推动智能制造技术的创新与应用，培养高素质技能人才，促进沿线国家及地区间的技术交流与合作举办的比赛。本赛项旨在通过技能竞赛的形式，展示智能制造领域的最新成果，提升参赛选手的专业技能与创新能力，推动智能制造产业的发展。

竞赛内容围绕智能制造设备技术应用的核心环节，包括但不限于工业机器人编程与操作、智能视觉系统应用、输送带追踪系统调试、智能制造系统集成与优化等。

竞赛评价包括技能操作水平（如设备操作准确性、效率等）、创新实践能力（如技术创新点、解决方案的实用性等）、团队协作与沟通能力（如团队配合默契度、问题解决能力等）。

成果展示与答辩表现（如报告撰写质量、答辩清晰度等）。

（注：以上赛项内容依据赛项通知整理，具体规程应以官方发布的正式文件为准）

4.2.3 课证融通：教育标准与职业标准相融合

职业教育的教育标准需要与职业标准相融合，可以通过“课证融通”的机制模式改变现在校企合作“合而不作”、产教融合“融而不通”的现状。课证融通下，工作岗位的内容及能力要求决定了课程的设计方向，把职业岗位所需要的职业素养、知识和技能融入相关专业教学中，课堂所学就是工作岗位所需，将相关课程学习、考试考核与职业技能等级认定合并进行，实现学生与企业的无缝对接，打破专业课程与职业岗位紧密度不够的困境。

下面列举供应链管理师、智能仓储大数据分析、物流无人机操作与运维、智能仓储装备应用及维护等证书的职业技能等级标准。

（1）供应链管理师

人力资源和社会保障部制定的国家职业技能标准中《供应链管理师国家职业技能标准（2020年版）》，将本职业分为三级／高级工、二级／技师、一级／高级技师三个等级，包括职业概况、基本要求、工作要求和权重表四个方面的内容。其中三级／高级工课程培训包，可作为课证融通的主体内容，将核心的理论技能、综合实战与工作任务相结合，让课证融通走进课堂，让职业教育标准与国家职业标准相融合，让受教育者学习到岗位所需知识和技能。供应链管理师三级／高级工工作要求如表4-3所示。

表4-3 供应链管理师三级／高级工工作要求

职业功能	工作内容	技能要求	相关知识要求
1.需求协调管理	1.1 需求预测处理	1.1.1 能进行数据整理与可视化处理 1.1.2 能通过问卷、数据抓取等方法进行市场调研 1.1.3 能使用模型进行需求预测分析	1.1.1 需求预测数据采集与处理的方法 1.1.2 市场调研的方法 1.1.3 需求预测的分析方法
	1.2 客户订单处理	1.2.1 能审核客户订单有效性 1.2.2 能处理与跟踪客户订单	1.2.1 客户订单有效性审核方法 1.2.2 客户订单处理流程
	1.3 库存计划处理	1.3.1 能采集并处理库存计划数据 1.3.2 能编制库存计划	1.3.1 库存计划数据采集与处理方法 1.3.2 库存计划编制的工具及方法

续表

职业功能	工作内容	技能要求	相关知识要求
2. 采购管理	2.1 采购订单处理	2.1.1 能分析采购订单有效性 2.1.2 能评估采购订单需求有效性 2.1.3 能处理异常采购订单	2.1.1 采购订单有效性分析的工具及方法 2.1.2 采购订单需求评估方法 2.1.3 异常采购订单处理流程
	2.2 供应商管理	2.2.1 能收集并处理供应商信息 2.2.2 能执行供应商选择策略	2.2.1 供应商信息管理方法 2.2.2 供应商选择方法与流程
3. 生产管理	3.1 生产计划执行支持	3.1.1 能采集并处理产能数据 3.1.2 能处理生产计划变更	3.1.1 产能数据采集与处理方法 3.1.2 生产计划变更流程
	3.2 物料控制	3.2.1 能收集并处理物料库存数据 3.2.2 能设定物料库存指标	3.2.1 库存管理数据收集与处理方法 3.2.2 库存指标设计原则及方法
4. 物流管理	4.1 运输与配送运营	4.1.1 能设计运输与配送作业流程优化方案 4.1.2 能测量运输与配送业务绩效指标	4.1.1 运输与配送作业流程优化的工具及方法 4.1.2 运输与配送业务绩效指标测量的工具及方法
	4.2 仓储运营	4.2.1 能设计仓储作业流程优化方案 4.2.2 能测量仓储业务绩效考核指标	4.2.1 仓储作业流程优化的工具及方法 4.2.2 仓储业务绩效考核指标测量的工具及方法
	4.3 逆向物流运营	4.3.1 能设计逆向物流作业流程优化方案 4.3.2 能测量逆向物流业务绩效考核指标	4.3.1 逆向物流作业流程优化的工具及方法 4.3.2 逆向物流业务绩效考核指标测量的工具及方法
	4.4 物流业务外包监控	4.4.1 能收集并处理外包业务数据 4.4.2 能测量外包业务绩效考核指标	4.4.1 外包业务数据收集与处理的工具及方法 4.4.2 外包业务绩效考核指标测量的工具及方法

（2）智能仓储大数据分析师

北京京东乾石科技有限公司制定的《智能仓储大数据分析职业技能等级标准（2021 年版）》，将本职业分为三个等级：初级、中级、高级，三个级别依次递进，高级别涵盖低级别职业技能要求。

智能仓储大数据分析（中级）面向岗位群为：主要面向物流行业相关企业或生产流通行业相关企业的物流相关部门的生产运营、生产计划、流程优化、运营质控、智能仓储设备管理等岗位，从事物流生产排期、生产流程优化、智能设备优化配置、智能仓运营质量分析等相关工作。主要职业技能要求包括：主要面向物流行业相关企业或各大中型企事业单位的物流部门、运营或服务部门，从事仓储数据分析指标、日常报表指标的制定，对仓储中入库、储存、拣货和分货等作业数据进行深入挖掘分析及监控，完成常规数据分析报告的撰写等工作，具有从数据角度及时发现物流仓储运营及设备运转过程中存在的问题，并提出仓储中关于作业流程、系统功能、设备配置等的能力。

智能仓储大数据分析（中级）职业技能等级要求描述如表 4-4 所示。

表 4-4 智能仓储大数据分析（中级）职业技能等级要求

工作领域	工作任务	职业技能要求
1. 仓储数据分析指标与采集方案制订	1.1 仓储数据分析目标制定	1.1.1 能够独立根据仓储数据化运营执行方案，在熟悉仓储数据分析作用的基础上，明确仓储数据分析需求，高效开展相关工作。 1.1.2 能够独立与研发、规划、运营、售后等部门进行沟通，明确各部门对仓储数据分析的需求。 1.1.3 能够结合各部门对物流仓储数据分析的需求，运用物流仓储数据分析目标制定方法与技巧，制定出具有可行性的物流仓储数据分析目标。 1.1.4 具有较强的逻辑分析能力以及跨部门沟通能力。
	1.2 仓储数据分析指标制定	1.2.1 能够依据仓储数据分析目标，熟练使用仓储管理后台和数据分析辅助工具，提取现有数据指标。 1.2.2 能够熟悉仓储常用数据指标及其内涵，使用 Excel 数据处理软件对提取到的现有数据指标进行科学、合理的分类整理。 1.2.3 能够依据物流仓储数据分析目标和现有数据指标情况，独立运用数据分析指标制定方法与技巧，制定科学、合理的新数据指标，并扩展新指标维度。 1.2.4 具备较强的数据指标分类、整理能力，以及创新数据指标的能力。
	1.3 仓储数据采集与处理方案制订	1.3.1 能够在熟悉仓储数据采集工作流程的基础上，确定采集数据类型、采集渠道、采集时间区间、采集数据指标和采集口径。 1.3.2 能够运用物流仓储数据采集方案制定方法与技巧，选择合适的采集工具、数据采集方法，制订物流仓储数据采集方案。 1.3.3 能够运用仓储数据处理方案制订方法与技巧，制订仓储数据处理方案。 1.3.4 掌握 Excel 数据处理工具、SQL 常用语句及可编程语言 Python、R，具备综合数据分析能力和较强地发现问题、解决问题的能力。

续表

工作领域	工作任务	职业技能要求
2. 仓储数据挖掘分析	2.1 进货和入库作业分析	2.1.1 掌握进货和入库作业分析中各项指标的含义和作用，能够根据数据分析需求的目标，确定合适的分析指标、分析方法、数据展现形式及结果的呈现形式。 2.1.2 能根据进货和入库作业分析中特定分析需求，建立有效的数据分析指标，并能够确定新指标的准确计算方法，精确有效地反映问题的本质。 2.1.3 对数据具有高度敏感性，能够根据指标之间的关联性、指标的变化趋势推断分析指标变化的原因，分析并挖掘效率升高或降低的原因。 2.1.4 能够根据数据分析的目标，从进货和入库的运营数据挖掘发现业务中存在的问题，提出运营优化建议。 2.1.5 能够根据供应商供货及时性的度量指标，对供应商供货的及时性作出评价，准确识别出存在供货不及时的供应商。
	2.2 储存作业分析	2.2.1 能够在理解储存作业设备及流程的基础上，设计并选择能够体现库存状态的指标。 2.2.2 能够运用描述性统计、趋势分析、同比环比分析以及频数频率分析等多种数据分析方法，对库存数据指标的原因及变化规律进行分析。 2.2.3 能够使用数据透视表和排序等数据处理方法，对库存进行 ABC 分析，利用折线图绘制 ABC 分类图，并根据周转速度和库存深度的差异，确定不同类别商品的出库和存储方式。 2.2.4 了解关联度计算方法和使用场景，能够熟练使用数据分析软件，根据历史订单计算商品关联度。
	2.3 盘点作业分析	2.3.1 能够在熟悉盘点业务流程的基础上，设计并选择可以有效评估盘点作业的指标。 2.3.2 能够运用描述性统计、趋势分析、同比环比分析以及频数频率分析等多种数据分析方法，对盘点数据指标的变化规律及原因进行分析。 2.3.3 能够针对不同的盘点类型，抽取一定数量的商品实现盘点任务分配。 2.3.4 能够根据综合分析结果发现业务流程中的问题，并提出业务流程优化建议。
	2.4 拣货作业分析	2.4.1 能够根据拣货作业设计并选择能够有效评估拣货作业总量和效率的指标。 2.4.2 能够运用多种数据分析方法，对拣货数据总量和效率指标的变化规律及原因进行分析。 2.4.3 理解订单分析的应用场景和范围，掌握拣货订单 EIQ 分析的概念和方法，能够使用 Excel 的数据透视表功能完成订单的 EIQ 分析。 2.4.4 能够根据综合分析结果发现业务流程中的问题，并提出业务流程优化建议。

续表

工作领域	工作任务	职业技能要求
2. 仓储数据挖掘分析	2.5 分货作业分析	2.5.1 能够设计并选择能够体现分货作业效率和效果的指标。 2.5.2 能够结合实际分货作业场景，计算理论效率与实际效率的差距，并提出提升实际作业效率的措施。 2.5.3 能够运用多种数据分析方法，对分析数据指标的变化规律及原因进行分析。 2.5.4 能够通过分货数据分析，绘制仓库资源热力图，能够及时发现仓库运营问题，并提出相应的解决办法。
	2.6 智能装备运行状态分析	2.6.1 能够独立完成设备运行状态数据的统计及整理，分析设备的各项运动机构的实际性能，洞察设备最终落地的实际运行效果。 2.6.2 熟悉“总量、结构、速度”的异常分析方法，能够对一段时间内设备异常的发生情况绘制折线图，分析各种类、各等级异常数量占比，计算同期环比增长情况并进行趋势分析。 2.6.3 能够独立通过数据变换计算并比较不同设备、不同仓库的设备单位工作量的异常发生情况。 2.6.4 能够通过热力图分析仓库异常频发区域和不同种类异常分布情况，通过统计不同码点的异常数量判断码点运营状况。 2.6.5 能够独立分析设备维度的异常数据，以设备为单位进行分析比较，并通过绘制箱线图，识别异常频发车辆。
	2.7 智能装备可靠性分析	2.7.1 能够根据设备可靠性数据分析目标，针对智能设备在实际作业中产生的多种类型数据，设计适当的可靠性指标计算方法。 2.7.2 能够通过 MTBF、MTTR、可靠度、失效率等指标评估物流设备的可靠性。 2.7.3 能够依据智能设备作业数据，分析设备的可靠性水平，准确识别低可靠性的设备。 2.7.4 能够通过分析仓库中智能设备的可靠性数据，识别高风险零部件，通过运用数据分析方法，配合相关部门进行异常定位。
3. 仓储数据监控与分析报告撰写	3.1 仓储数据监控	3.1.1 熟练掌握仓储数据指标及其含义，依据仓储运营数据监控的要求，监控各类数据指标，发现变化趋势。 3.1.2 能够运用仓储数据报表制作技巧，熟练使用表格处理软件的报表制作功能，制作数据报表。 3.1.3 掌握异常数据识别方法，及时发现异常数据并进行分析和上报。 3.1.4 具备良好的数据安全意识，认真细致的数据监控工作态度，以及较强的异常数据判断能力。

续表

工作领域	工作任务	职业技能要求
3. 仓储数据监控与分析报告撰写	3.2 仓储数据分析报告撰写	3.2.1 能依据仓储阶段性数据分析目标，对仓储运营效果进行数据分析。 3.2.2 能根据仓储大数据分析报告框架，运用数据分析报告撰写工具，高质高效完成仓储大数据分析报告的撰写。 3.2.3 具备较强的文字表达能力、沟通能力以及系统化思维能力。
	3.3 仓储运营优化建议提出	3.3.1 熟悉仓储运营的常见问题和核心关注点，从数据角度及时发现物流仓储项目在运营中存在的问题。 3.3.2 掌握仓储运营常见问题解决方法，能够基于仓储运营优化经验和技巧，初步形成优化方案。 3.3.3 能够依据数据分析结果，独立提出仓储运营中关于作业流程、系统功能等方面的建议。 3.3.4 具有良好的异常数据洞察力和较强的发现、分析、解决问题的能力。

（3）物流无人机操作与运维

北京京东乾石科技有限公司制定发布的《物流无人机操作与运维职业技能等级标准（2021 年版）》，标准将职业分为三个等级：初级、中级、高级，规定了物流无人机操作与运维职业技能等级对应的工作领域、工作任务及职业技能要求。

物流无人机操作与运维（中级）主要面向大中型企事业单位的物流部门以及第三方物流公司、储运公司、飞行器制造。服务、教育、应用等企事业单位的运营或服务部门信息处理岗、配送运输岗、无人机飞手岗、无人机调试岗、无人机检修岗、飞行安全保障岗、设备管理岗等相关岗位，从事信息收集、整理与运输、无人机调试、检修或视距内安全飞行等工作，具备物流仓储货物信息收集与处理、无人机的组装、调试、维护与视距内飞行等能力。其职业技能等级要求描述如表 4-5 所示。

表 4-5 物流无人机操作与运维（中级）职业技能等级要求

工作领域	工作任务	职业技能要求
1. 物流无人机运营前准备	1.1 系统安装	1.1.1 能按照标准装配物流无人机平台机体。 1.1.2 能按照物流无人机的载荷设备安装要求进行抛投设备的安装。 1.1.3 能按照燃油安全使用要求完成油动无人机的动力装置所使用燃油的加注（或按照动力电源使用安全要求完成电池匹配性改装与安装）。 1.1.4 能依据操作规范，完成无人机平台与基站的连接。
	1.2 任务载荷装配	1.2.1 能按照作业种类，正确完成一般信息探测类设施设备的配置。 1.2.2 能依据作业要求与作业规范，正确完成任务载荷设备的安装。 1.2.3 能根据作业程序，完成任务载荷地面模拟运行测试。
	1.3 系统飞行前检查	1.3.1 能按照飞行手册完成物流无人机机身与接线检查。 1.3.2 能完成物流无人机重量与配平调整。 1.3.3 能按照安全操作程序完成电动或油动力装置检查。 1.3.4 能按照安全操作程序完成飞行控制链路检查。 1.3.5 能完成物流无人机辅助定位系统校准所需的操作。 1.3.6 能完成飞行环境（包括物理环境与电磁环境）安全确认。
2. 物流无人机任务操作	2.1 物流无人机视距内基础飞行	2.1.1 能安全操纵辅助定位系统工作下（以下简称：辅助模式）的物流无人机视距内起降操作。 2.1.2 能安全稳定地操纵辅助模式下的物流无人机视距内定高定点悬停。 2.1.3 能安全稳定地操纵辅助模式下的物流无人机在视距内至少 8 个方位悬停。
	2.2 物流无人机视距内航线飞行	2.2.1 能在系统性能限制范围内，安全稳定地操纵辅助模式下的物流无人机执行定高匀速平飞的操作。 2.2.2 能在系统性能限制范围内，安全稳定地操纵辅助模式下的物流无人机执行向某点斜向匀速移动。 2.2.3 能安全地操纵辅助模式下的物流无人机执行平飞“矩形”和“圆形”航线飞行。
	2.3 物流无人机视距内安全保障飞行	2.3.1 能够安全稳定地操控辅助模式下物流无人机在空中某点不定向悬停，并完成位置信息采集。 2.3.2 能安全稳定地操控辅助模式下的物流无人机执行不定向满载重起飞与运输航线飞行。 2.3.3 能按照作业环境要求，安全稳定地操控辅助模式下的物流无人机不同高度、不同角度的不定向飞行。

续表

工作领域	工作任务	职业技能要求
3. 物流无人机系统日常维护	3.1 物流无人机机体日常检查维护	3.1.1 能按照操作规范对物流无人机进行回收与装箱。 3.1.2 能遵照系统维保手册完成对机体各紧固件及旋翼（或螺旋桨）的检查与更换。 3.1.3 能遵照系统维保手册完成物流无人机机体的清洁与机械部件润滑。
	3.2 动力装置日常检查与维护	3.2.1 能完成油箱及电池舱的检查与维护。 3.2.2 能完成常用油料的配置操作。 3.2.3 能辨别锂电池的串并联方式。 3.2.4 能正确完成电池串并联的焊接。 3.2.5 能按要求正确更改电池的电芯数量。

（4）智能仓储装备应用及维护

北京京东乾石科技有限公司制定发布的《智能仓储装备应用及维护职业技能等级标准（2021 年版）》，标准将职业分为三个等级：初级、中级、高级，规定了智能仓储装备应用及维护职业技能等级对应的工作领域、工作任务及职业技能要求。

智能仓储装备应用及维护（中级）主要面向岗位群为：面向物流行业智能仓储领域，分拣 AGV、智能交叉带分拣机等设备的技术销售、操作、安装、调试、运维、售后服务等职业岗位，主要完成智能分拣 AGV、智能交叉带分拣机安全操作、硬件拆装、数据备份、恢复、软件更新、运行检测、常规检查、故障诊断与异常处理、定期维护与保养等工作。智能仓储装备应用及维护（中级）主要职业要求为：主要面向物流行业相关企事业单位或者流通企业的物流、运营与维护等部门，从事分拣 AGV、智能交叉带分拣机等设备的基本操作、硬件拆装、软件更新、运行检测、常规检查、故障诊断与异常处理、定期维护与保养、售后服务等工作。具有分拣 AGV、智能交叉带分拣机类设备的操作、调试、运营、故障诊断、维修、数据备份恢复的能力。职业技能等级要求描述如表 4-6 所示。

表 4-6 智能仓储装备应用及维护（中级）职业技能等级要求

工作领域	工作任务	职业技能要求
1. 智能仓储装备及系统认知	1.1 智能物流与自动化仓库认知	1.1.1 掌握智能物流的基础知识，具备从事智能物流作业的能力。 1.1.2 掌握智能物流的特征，具备应用智能物流技术的能力。 1.1.3 掌握自动化仓库的定义和特点，具备从事自动化仓库工作的基础能力。 1.1.4 掌握自动化仓库的智能化及作业特点，具备在自动化仓工作的能力。
	1.2 智能仓储装备系统及结构认知	1.2.1 掌握智能仓储装备的定义和特点，认知仓储中各项智能装备。 1.2.2 掌握智能仓储装备系统基本术语，具备操作仓储装备系统的基础能力。 1.2.3 熟悉智能仓储装备系统操作流程。 1.2.4 掌握智能仓储装备系统的优势，具备高效操作仓储装备系统的能力。
	1.3 智能仓储装备系统操作	1.3.1 掌握智能仓储装备用途，具备应用仓储装备的能力。 1.3.2 能对智能仓储装备根据其用途进行分类。 1.3.3 能正确操作 AGV 移动机器人的系统。 1.3.4 能正确操作工业用 AMR 自主移动机器人系统。 1.3.5 能正确操作分拣 AGV 系统。 1.3.6 掌握常见智能分拣装备的种类，具备选择和应用智能分拣装备的能力。
2. 智能分拣（AGV 与交叉带）系统应用	2.1 智能分拣 AGV 基础操作	2.1.1 能描述分拣 AGV 系统组成。 2.1.2 熟悉分拣 AGV 关键部件。 2.1.3 掌握分拣 AGV 整体工作场景要求。 2.1.4 掌握分拣 AGV 机械电气部分组成，具备安装智能分拣 AGV 的能力。
	2.2 智能分拣 AGV 应用	2.2.1 能正确引导分拣 AGV 运行。 2.2.2 掌握分拣 AGV 工作原理，具备运维分拣 AGV 的能力。 2.2.3 掌握分拣 AGV 应用系统瓶颈，具备合理操作分拣 AGV 系统的能力。 2.2.4 熟悉分拣 AGV 的应用场景，并具备在真实场景中应用分拣 AGV 的能力。

续表

工作领域	工作任务	职业技能要求
2. 智能分拣（AGV 与 交叉带）系统应用	2.3 交叉带分拣机系统应用	2.3.1 掌握交叉带分拣系统基本组成及业务流程，具备操作交叉带系统的能力。 2.3.2 掌握环形交叉带系统机械及电气组成及关键部件，具备识别交叉带分拣机机械及电气组成的能力。 2.3.3 掌握直线交叉带系统机械组成及关键部件，具备操作交叉带关键部件的能力。 2.3.4 掌握交叉带分拣机在智能仓储中的应用场景，具备应用交叉带分拣机的能力。
3. 智能分拣 AGV 系统维护	3.1 分拣 AGV 安全操作	3.1.1 能严格遵守国家和使用地区的各项电气安全规定。 3.1.2 能进行分拣 AGV 安全风险控制。 3.1.3 能确认分拣 AGV 开、关机及周边电源的安全环境。 3.1.4 能正确使用 AGV 急停按钮。
	3.2 分拣 AGV 硬件拆装	3.2.1 能选择各种规格工具进行拆装。 3.2.2 能选用各种工具进行测量。 3.2.3 能识读机械装配图，选择机械零部件并规划位置。 3.2.4 能按操作标准工作流程熟练更换分拣 AGV 翻板电机、翻板减速机、固定万向轮、右侧包胶轮、右侧包驱动电机、左侧包胶轮及左侧包驱动电机。
	3.3 分拣 AGV 数据备份、恢复及软件更新	3.3.1 能查看分拣 AGV 系统信息提示和事件。 3.3.2 能获取及备份分拣 AGV 系统日志。 3.3.3 能恢复已有分拣 AGV 系统程序。 3.3.4 能进行分拣 AGV 设备固件更新。 3.3.5 能进行分拣 AGV 设备 OTA 更新。
	3.4 分拣 AGV 运行状态监测	3.4.1 能监测分拣 AGV 系统运行状态。 3.4.2 能监测分拣 AGV 电池等状态。 3.4.3 能监测分拣 AGV 运行参数。
	3.5 分拣 AGV 常规检查	3.5.1 能按分拣 AGV 日常维护项目表熟练进行日常维护。 3.5.2 能正确使用分拣 AGV 系统检修工具。 3.5.3 能熟练作好车灯状态、清洁、运动控制器状态、安全防护功能、按钮开关功能的检查并作相应处理和记录。 3.5.4 能熟练作好搬运 AGV 外壳、充电桩、地标码与地面、远程开关机的检查并作相应处理和记录。 3.5.5 能熟练作好泄漏、异响、电气附件等事项的检查并作相应处理和记录。

续表

工作领域	工作任务	职业技能要求
3. 智能分拣AGV系统维护	3.6 分拣 AGV 季度定期维护	3.6.1 能严格执行分拣 AGV 定期维护注意事项。 3.6.2 能熟练作好除尘。 3.6.3 能熟练作好电气各插接件季度检查并作相应处理和记录。 3.6.4 能熟练作好电气线束季度检查并作相应处理和记录。 3.6.5 能熟练作好轮系万向轮和同步轮的季度检查并作相应处理和记录。
	3.7 分拣 AGV 半年定期维护	3.7.1 能熟练作好翻板机构螺钉的半年度检查并作相应处理和记录。 3.7.2 能熟练作好翻板机减速机的半年度检查并作相应处理和记录。 3.7.3 能熟练作好翻板机驱动轮和万向轮的半年度检查并作相应处理和记录。 3.7.4 能熟练作好翻板机充电桩的半年度检查并作相应处理和记录。
	3.8 分拣 AGV 机械故障诊断与处理	3.8.1 能熟练诊断电机、行走包胶轮、电机安装板、弹性万向轮故障并处理和记录。 3.8.2 能熟练诊断翻板机构的翻板电机、减速机、托盘支架、托盘、槽型光电等部件的常见故障并处理和记录。 3.8.3 能熟练诊断二维码传感器的常见故障并处理和记录。 3.8.4 能熟练诊断充电机构的常见故障并处理和记录。
	3.9 分拣 AGV 电气故障诊断与处理	3.9.1 能识读 AGV 电气原理图，掌握 AGV 供电系统，并进行电路检查。 3.9.2 能通过充电机上的指示灯，判断充电桩上电及日常工作状态。 3.9.3 能通过远程开关机检测，查看分拣 AGV 的状态切换是否成功并作相应处理。 3.9.4 能熟练进行各插接件及整车线束检查并作相应处理。
	3.10 分拣 AGV 系统异常处理	3.10.1 能正确处理二维码导航传感器掉线、死机、未上线异常。 3.10.2 能正确处理脱轨、左、右轮失速、倾倒电机失速等系统异常。 3.10.3 能正确处理左、右驱动器掉线等系统异常。 3.10.4 掌握翻板电机编码器、驱动器、相关传感器异常的处理方式。 3.10.5 掌握检测电池报错，电池通信系统异常的处理方式。

续表

工作领域	工作任务	职业技能要求
4. 智能交叉带分拣机系统维护	4.1 智能交叉带分拣机安全操作	4.1.1 能严格遵守国家和使用地区的各项电气安全规定。 4.1.2 掌握交叉带分拣机安全注意事项并按期执行。 4.1.3 能确认交叉带开关机及周边电源的安全环境。 4.1.4 能正确使用交叉带急停按钮。 4.1.5 掌握交叉带机械保护、电气保护、系统检测保护、安全保护机制，具备安全操作交叉带分拣机的能力。
	4.2 智能交叉带分拣机硬件拆装	4.2.1 能按操作标准工作流程熟练更换交叉带电刷车碳刷、交叉带非标滑触线、交叉带理包段从动滚筒、皮带、驱动滚筒、托辊及交叉带上包机从动滚筒、皮带、驱动滚筒、小托辊。 4.2.2 能按操作标准工作流程熟练操作直线交叉带链条张紧。 4.2.3 能按操作标准工作流程熟练清理直线交叉带内部、尾端杂物。 4.2.4 能按操作标准工作流程熟练调节直线交叉带上包机光幕、过渡板。 4.2.5 能按操作标准工作流程熟练调整直线交叉带小车皮带张紧及整车更换。 4.2.6 能按操作标准工作流程熟练调整直线交叉带张紧传感器位置。 4.2.7 能进行直线电机调整与更换。
	4.3 智能交叉带分拣机系统操作	4.3.1 能查看交叉带系统信息提示和事件。 4.3.2 能获取及备份交叉带系统日志。 4.3.3 能进行交叉带系统设备固件更新。 4.3.4 能监测直线交叉带系统运行参数。

续表

工作领域	工作任务	职业技能要求
4. 智能交叉带分拣机系统维护	4.4 智能交叉带分拣机系统常规检查	4.4.1 能按交叉带分拣机日常维护表熟练进行日常维护。 4.4.2 能熟练作好轨道及下车的检查并作相应处理和记录。 4.4.3 能熟练作好分拣机供电电源的检查并作相应处理和记录。 4.4.4 能熟练作好上包机传感器、驱动柜变频器及电机、防护网及小车行走轮、限位轮螺丝的检查并作相应处理和记录。 4.4.5 能熟练作好小车驱动器指示灯、小车电动滚筒、无动力滚筒异响的检查并作相应处理和记录。 4.4.6 能熟练作好小车皮带、小车皮带表面及小车皮带是否打滑、供包机皮带是否跑偏或损坏，供包机滚筒是否有异响的检查并作相应处理和记录。 4.4.7 能熟练进行上包机光幕灰尘清理。 4.4.8 能熟练进行撑袋架螺丝防松的检查并作相应处理和记录。 4.4.9 能熟练进行异物清理并作相应处理和记录。 4.4.10 能熟练进行箱号打印机打印纸的检查并作相应处理和记录。 4.4.11 能熟练作好供电电源电压是否在系统允许的范围之内的检查、能熟练作好电源是否有缺相的检查并作相应处理和记录。 4.4.12 能熟练作好驱动柜风机、变频器冷却分机是否异常停转，变频器本体是否出现异常振动及异常声响，变频器是否散发出异常气味的检查并作相应处理和记录。 4.4.13 能熟练作好直线电机无异常振动、异常声响及电刷轨道的检查并作相应处理和记录。
	4.5 智能交叉带分拣机系统周度定期维护	4.5.1 能按交叉带分拣机每周维护表熟练进行周度维护。 4.5.2 能熟练作好上包机运行的检查并作相应处理和记录。 4.5.3 能熟练作好链条张紧的检查并作相应处理和记录。 4.5.4 能熟练作好小车皮带表面的检查并作相应处理和记录。 4.5.5 能熟练作好链条加油润滑的检查。

续表

工作领域	工作任务	职业技能要求
4. 智能交叉带分拣机系统维护	4.6 智能交叉带分拣机系统月度定期维护	4.6.1能按交叉带分拣机月度维护表熟练进行月度维护。 4.6.2 能熟练作好电气柜内散热处灰尘的检查并作相应处理和记录。 4.6.3能熟练作好将有集电器小车运行至检修位的检查，并检查电刷头损耗。 4.6.4 能熟练作好格口与小车皮带间隙的检查并作相应处理和记录。 4.6.5能熟练作好螺栓紧固的检查并作相应处理和记录。 4.6.6 能熟练作好计算机系统设备吸尘的检查。 4.6.7 能熟练检查格口传感器安装螺丝是否出现松动、传感器表面有机玻璃的清理。 4.6.8能熟练作好扫描站反光镜灰尘及污垢清理的检查。 4.6.9 能熟练作好灰度相机清理的检查。
	4.7 智能交叉带分拣机系统季度定期维护	4.7.1能按交叉带分拣机季度维护表熟练进行季度维护。 4.7.2 能熟练作好计算机系统设备吸尘的检查。 4.7.3 能熟练作好格口传感器安装螺丝紧固的检查。 4.7.4 能熟练作好自动条码扫描站识读镜头积灰清理的检查。 4.7.5 能熟练作好分拣机轨道的检查并作相应处理和记录。 4.7.6能熟练作好小车皮带的检查并作相应处理和记录。 4.7.7 能熟练作好润滑油泵油液面高度的检查检查并作相应处理和记录。
	4.8 智能交叉带分拣机故障诊断与处理	4.8.1 能熟练进行急停诊断并作相应处理和记录。 4.8.2能熟练诊断上包机启动带灯按钮、停止带灯按钮、复位旋钮、回退按钮故障并处理和记录。 4.8.3 能熟练诊断上包机预缓存光电传感器故障并处理和记录。 4.8.4 能熟练诊断上包机尺寸扫描光幕故障并处理和记录。 4.8.5 能熟练诊断上包机落包扫描光幕故障并处理和记录。 4.8.6 能熟练诊断天线小车、通信小车、电源小车及组装小车器件故障并处理和记录。 4.8.7 能熟练诊断打印机无法打印标签故障并处理和记录。 4.8.8 能熟练进行 Web 诊断、系统诊断并处理和记录。 4.8.9 能熟练辨别与处理报警信息。 4.8.10 能熟练进行通信诊断检查并做相应处理和记录。 4.8.11 能熟练诊断滑触线或碳刷过滑触线造成环线异响原因并处理和记录。 4.8.12 能熟练诊断小车轮系异常磨损并处理和记录。 4.8.13 能熟练诊断小车皮带损坏情况并处理和记录。 4.8.14 能熟练诊断上包机卡货、上包机异常噪声、上包机皮带跑偏及上包机轴承异响原因并处理和记录。

综上所述，两业融合下智慧物流人才培养需要“岗”“课”“赛”“证”融通重构课程体系。依据智能仓储大数据分析师、智慧仓储规划设计工程师、智慧仓储现场实施工程师、智慧仓储系统实施工程师、智慧仓储设备运维工程师、智慧仓储系统运维工程师等岗位工作任务和职业能力分析，将智慧物流赛项、供应链管理赛项大赛标准，以及供应链管理师、智能仓储大数据分析、物流无人机操作与运维、智能仓储装备应用及维护等职业技能标准，融入课程体系，课程应包括智能制造、生产物流、信息技术、物流运营等。岗课赛证融通重构课程体系如图 4-2 所示。

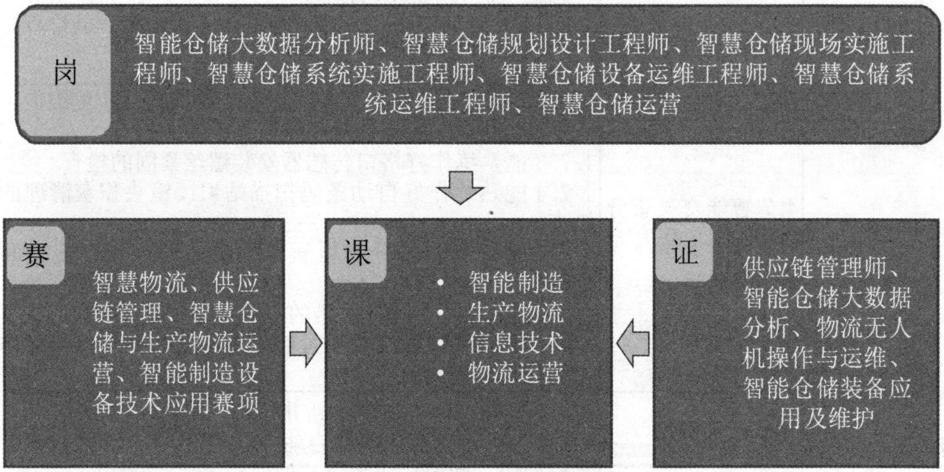

图 4-2 岗课赛证融通重构课程体系

4.3 打造创新型教学团队

高职院校的教师与普通高校的不同在于，高职院校的教师不仅需要有扎实的理论基础，还需要有过硬的操作能力，因此，高职院校的教学团队需要打造一支“专兼结合”“双师”、素质较高的、结构合理的教学团队。

4.3.1 优化师资队伍结构建设

4.3.1.1 建立跨学科融合的师资队伍结构

目前，智慧物流和智能制造的师资队伍结构是跨界的。智慧物流的师资队伍学科背景以物流为主，智能制造的师资队伍学科背景以制造为主，双方几乎没有交叉。两业融合背景下，学生所需要了解的知识不再仅仅是智能制造或者智慧物流的专业知识，对于二者之间某些共通的知识技能也要进行学习。通过对智能制造和智慧物流知识的学习，物流学生能够更好地了解制造业生产和业务流程，运用所学的物流知识改进智能制造的生产效率，倒逼产业升级，推动智能制造的发展。智能制造负责技术的研发、维护和升级，智慧物流要求学生们能够熟练地掌握和运用该项技术。对于现代物流管理这一学科，实践相较于理论更为重要，实践是理论的基础，由于技术在不断发展，我们需要去运用才能知道该技术是否真正有利于智慧物流的发展。而对于智能制造，智慧物流新技术的反馈能得出优缺点，数据只能告诉研发者客观上的优势和缺点，而新技术使用者的评论能够给予研发者主观上的优点和不足。这些新的变化要求我们的教师队伍必须是跨学科的，既要有懂物流的老师，也要有懂制造的老师，还要有懂计算机的老师。师资队伍的团队建设一定是跨学科融合的。

4.3.1.2 促进专兼结合的师资队伍的机制体制保障

（1）政府要从制度设计上让企业、学校积极参与培养师资队伍

融合型创新型人才的培养离不开专业教师的传授，拥有符合条件的师资队伍是人才培养的重要支撑，单靠学校的专业教师是无法完成人才培养任务的。正所谓术业有专攻，面对融合型创新型人才的培养，需要多方力量的参与。要让双方深度融合，让学校的老师能够有时间、有能力、有动力去参与企业的生产实践，与时俱进地更新自己的专业知识，同时让企业的能工巧匠愿意参与学校人才的培养，这些需要政府、教育部门与企业的通力合作与支持。要引进企业技术骨干来充实师资队伍，也要让现有的教师队伍通过培训、到企业锻炼等方式进行自我提升，同时通过互带让企业技术骨干提高上课效率，让学校专业教师获得企业实践技能。“专兼结合”的专业教学团队建设需要具有包容性和专业性，对于兼职队伍的聘请，一是要扩大聘请的广度，让制造业、物流业、计算机研发等一线能工巧匠、技术能手参与到教学实践中；二是要加深聘请的深度，如技术骨干应能够对自己的亲身学习和工作经历进行总结，并言传身教地将自己的专业知识通过更加通俗易懂的方式教授给学生。

《国家职业教育改革实施方案》中指出，要完善国家职业教育制度体系，必须形成政府统筹管理、社会多元办学的职业教育办学格局。这就需要政府从制度层面，保证企业参与到职业教育的过程中，解决产教融合的“痛点”问题。

政府部门可以通过召开智慧物流与智能制造行业会议、专家研讨等多种方式并举，通过新闻媒体、视频等方式加大对“两业融合”概念的宣传，让更多的企业、高职院校深入了解“制造+服务”的模式，对服务型制造人才的培养要求形成清晰的了解。同时，通过调研制定政府、企业、学校在培养教师及学习过程中的成本分担机制。

（2）企业要有切实措施参与师资队伍建设

企业应制定切实有效的措施让学校教师能够像企业员工一样深入企业，承担一定的工作职责，完成相应的工作任务，参与企业的技术研发、技术服务等，从根本上让教师掌握行业企业最新动态及技术技能。企业还应将相应技术骨干参与学校人才培养工作纳入管理体制，通过双向交流确保人才培养质量。

（3）学校要有具体举措进行师资队伍建设

学校要有相应的机制让教师真正能够进入企业进行锻炼。目前的职业院校由于教师工作量较大，根本没有时间到企业锻炼。此外，由于大型物流企业、制造企业都离学校较远，教师到企业锻炼的成本也比较高。这些都是学校在机制体制改革中要考虑的问题。学校应制订具体可实施的方案让教师能够深入企业进行学习锻炼，在绩效考核、教师评价等方面都要能够具体可实施。

总之，跨学科融合的师资队伍结构中应包括物流背景、制造背景、计算机背景的教师，可以通过人才引进、内部培养、聘用企业兼职教师等方式，补充形成完善的师资队伍结构，这需要政策导向、学校支持和企业配合。跨学科融合的师资队伍结构建设路径如图4-3所示。

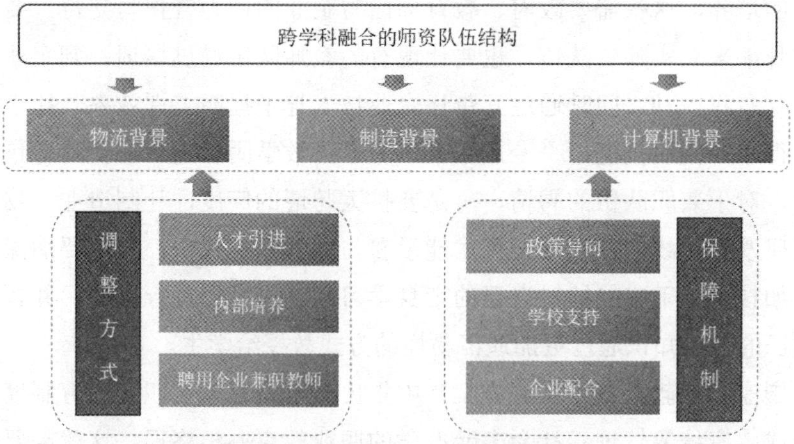

图4-3 跨学科融合的师资队伍结构建设路径

4.3.2 加强师资队伍的内涵建设

4.3.2.1 扎根当地产业，选取教学内容

高职院校应服务地区经济发展，为当地企业提供人才基础。教师应深入当地一线了解产业布局及产业要求，让物流相关专业具有本地特色，如服务农畜产品生产加工企业或者服务乳品加工企业等。在教学内容选取上增加如蒙牛和伊利等乳品企业生产物流的基本流程和管理方法，培养学生解决实际生产物流问题的能力，提升职业素养，引导学生关注行业发展趋势，培养创新思维和终生学习能力。

现在我们以服务内蒙古自治区乳品加工企业如蒙牛、伊利等为例，说明如何构建智慧物流人培教学体系。

一是乳品生产物流管理基础理论知识。①物流与供应链管理基础知识：物流与供应链的概念、分类及作用；供应链管理的核心理念与策略；乳品行业的市场需求与竞争格局。②乳品行业特点与生产物流特殊性：乳品生产物流的特殊要求与挑战（如冷链管理、保质期控制等）。

二是蒙牛和伊利生产物流案例分析。蒙牛 / 伊利的生产布局与物流网络；冷链物流体系的建设与管理；扩张式奶源管理与全程式库存管理；多样化配送网络管理与物流外包策略；蒙牛 / 伊利的物流运输管理现状与特色；运输过程透明化管理技术的应用；冷链物流创新与优化措施；供应链协同管理与风险控制。

三是生产物流技术应用与实践。①冷链物流技术：冷藏车、冷藏库等冷链物流设备的应用、温度监控与追溯系统的建立、冷链物流信息化管理平台的建设；②自动化与智能化技术：自动化仓储与分拣系统的应用、智能化调度与路径优化算法、物联网技术在生产物流中的应用。

四是供应链管理优化与创新内容。①供应链协同管理：供应商管理、库存管理、销售管理等环节的协同，信息共享与资源整合的策略；②绿色供应链管理：环保材料与包装的设计与应用、节能减排与资源循环利用的措施；③供应链管理创新：数字化、网络化、智能化等新技术在供应链管理中的应用，供应链金融、供应链服务等新兴业态的探索。

五是实训与模拟操作内容。①实训基地建设（建立模拟乳品生产物流流程的实训基地，配备冷链物流设备、自动化仓储与分拣系统等实训设施）；②模

拟操作与案例分析（组织学生进行模拟操作训练，如冷链物流流程模拟、库存管理模拟等）。

4.3.2.2 协同当地企业，改革教学形式

要促进两业融合，人才培养和师资建设都要进行改革，解决师生教育学习和企业实践存在脱钩的现象。教师和学生都应保证有一定的时间在企业车间学习与实践，这样才能保证教育和学习的内容都来源于生产实践，教育和学习的结果反作用于生产实践。可以通过共建实训基地、项目导向的教学模式、双师型教学团队、线上线下混合式教学、建立反馈与评估机制等改革教学形式。

（1）校企合作共建实训基地

建立校内实训基地：与蒙牛、伊利等本地企业合作，在校内建立模拟或真实的生产物流实训基地。这些基地可以配备冷链物流设备、自动化仓储系统、信息化管理平台等，为学生提供真实的操作环境。

企业参观与实习：组织学生定期到合作企业进行参观学习，了解企业的生产物流流程和管理模式。同时，安排学生到企业进行实习，亲身体验生产物流的实际操作。

（2）项目导向的教学模式

企业真实项目引入课堂：与企业合作，将企业的真实生产物流项目引入课堂，让学生参与项目的策划、执行和评估。通过项目实践，培养学生的团队协作能力和解决实际问题的能力。

案例分析与研讨：选取企业实际发生的生产物流案例，组织学生进行案例分析和研讨。通过讨论，引导学生深入思考问题的本质，提出解决方案，并培养学生的批判性思维和创新能力。

（3）双师型教学团队

邀请企业专家授课：聘请蒙牛、伊利等企业的生产物流专家作为兼职教师，为学生授课或进行专题讲座。企业专家的实践经验可以为学生提供宝贵的行业视角和实用知识。

教师企业实践经历：鼓励和支持课程教师到合作企业进行实践锻炼，了解企业的生产物流运作和管理模式。通过实践，教师可以更新教学内容和方法，提高教学效果。

（4）线上线下混合式教学

数字化教学资源：利用现代信息技术手段，开发数字化教学资源，如教学

视频、模拟软件、在线题库等。这些资源可以帮助学生自主学习和巩固知识。

线上互动与线下实践结合：通过线上平台进行知识传授和互动讨论，线下则进行实践操作和项目实施。这种混合式教学形式可以充分利用线上资源的便捷性和线下实践的直观性。

（5）建立反馈与评估机制

学生反馈：定期收集学生对教学形式的反馈意见，了解学生对教学内容、方法和效果的满意度及改进建议。

企业评估：邀请合作企业对学生的学习成果和实践表现进行评估，了解学生在企业中的适应性和表现情况。

持续改进：根据学生和企业的反馈意见，不断调整和优化教学形式和内容，确保教学效果的持续提升。

通过以上措施的实施，可以形成校企协同、产学研结合的教学模式，为培养适应行业需求的高素质生产物流管理人才提供有力保障。

4.3.2.3 立足生产实践，建设教学资源

（1）校企共同开发教学资源，促使教师队伍知识始终能跟上企业的变化

随着现代制造业、现代运输服务业的快速发展，物流信息技术的重要作用日益凸显，同时也呈现出新特点，对从事该行业的专业技术技能人才提出了新要求。新职业、新技能对复合型专业人才的需求正在扩大，培养能够适应未来智慧物流行业的专业人才任务正在倒逼职业教育教学的改革。按照专业设置与产业需求对接、课程内容与职业标准对接、教学过程与生产过程对接的要求，现代职业教育的专业建设和课程体系有待补充和完善。校企应深入合作、扎实推进人才培养方案的制订，并共同开发和制定课程体系，共同研究确定核心课程，共同制定课程标准，共同开发工学结合的创新型教材，共同拟定评价与考核方式，共同建设实习实训基地等，让教学资源能够随时跟上时代的变化，让学生具备的技能能够和企业适时对接。

（2）拓宽教育资源渠道，促进教师队伍知识技能不断更新和提升

互联网的发展使得网上教学已然兴起，突破了时间和空间的限制。在时间上，学生们获取学习资源的途径更加多种多样，例如，哔哩哔哩网站拥有非常多的教学资源，许多名校教师往网上上传学习视频，学生们可以在课余时间进行学习。师资队伍不仅可以作为一线的教学资源，也能成为教学资源的搬运者，通过对网络学习资源的学习；不仅可以提高师资队伍自身的水平，学习不同的

教育方式，也能将自己认为优秀的教学视频推送给学生，让学生从不同教学方式中找到自己能够理解的方式，从而对教学内容进行学习和理解。在空间上，教师能够利用学生们的课余时间上网课，利用腾讯会议等平台进行网上授课，例如制定一个答疑会，让学生们在家中就可以向老师提出疑问，老师通过答疑会统一正式有准备地回答学生问题，有利于共性问题的解决。网上授课既缩短了老师和学生之间的距离，又能让学生随时随地向老师寻求帮助。此外，教师把自己的教学课件上传到网上，既能供大家学习，也能收到很多好的评价反馈来进行自我完善。

"智能制造 + 智慧物流"两业融合发展，既是制造业降本增效和提升核心竞争力的重要手段，也是培育高品质物流服务需求、促进物流业提质发展的重要途径，国家已将其作为深化供给侧改革、推动经济高质量发展的重要抓手。两业的融合能为我国的发展奠定坚实的基础，并注入新的活力。行业的发展离不开人才的支撑。教师是人才培养的关键因素，是专业建设的生力军。职业院校需要首先建设一支适应新形势的师资队伍，为融合型、复合型人才的培养奠定良好的基础。

4.4 改善实践教学条件

4.4.1 对接岗位技能，完善实训条件

"实践是检验真理的唯一标准"，同样，实训基地是学生将书本上所学的理论知识转化为实际操作的重要场所。为了现代物流管理专业所培养出来的学生符合智慧物流与智能制造高度融合环境下的要求，高职院校应该重点加强校内生产性实训基地的建设，将制造企业、物流行业、学校资源紧密地联系起来，引入物流行业、制造企业的业务工作标准，实际业务工作场景以及企业文化，与企业、行业共同建设、共同管理校内的实训基地，提前让学生学习并具备职业能力与职业素养。除了校内的实训基地，校外的实训基地的建设也非常重要，校外的实训基地能全方位地让学生接触到物流实务场所。

（1）智慧物流实训室建设

物流信息技术实训室：配置物流信息技术软硬件，包括条码技术、RFID 技术、GIS/GPS 系统等，用于开展物流信息技术实训课程。

仓储物流实训室：模拟仓储作业流程，配置自动化仓储设备、仓储管理系

统等，实现仓储作业的智能化管理。

物流配送实训室：模拟物流配送过程，配置配送车辆、配送路线规划软件等，提升学生物流配送的规划与执行能力。

物流大数据分析实训室：提供大数据分析平台，用于物流数据的收集、处理与分析，培养学生的数据分析能力。

（2）虚拟仿真平台建设

基于VR/AR技术，建设物流虚拟仿真平台，模拟复杂物流场景，提供多场景、多角色、多岗位的虚拟实践体验。

物流系统规划与仿真区：配置物流规划实践平台、物流仿真优化平台等，增强学生对物流系统规划与仿真能力及创新能力的培养。

（3）教学管理系统建设

开发智慧物流教学管理系统，实现课程管理、实训预约、成绩评定等功能，提高教学管理效率。

4.4.2 加强校企合作，共建校外实践基地

高职院校应该加强和校外企业的深度合作，选择一些业内口碑好、规模较大、技术能力强、与制造业合作较多的企业单位进行合作，给学生提供一个较好的校外实训及岗位实习场所。

校企合作模式：建立基于校企合作的实践基地，通过企业提供实践岗位、技术指导和资金支持，学校提供人才资源和教育资源，实现双方的优势互补和互利共赢。

产学研合作模式：在实践基地建设过程中，注重产学研的深度融合，推动企业与学校、科研机构之间的合作与交流，共同开展技术研发、人才培养和成果转化等工作。

校外实践基地岗位设置：根据合作企业的实际需求和学生的专业特点，设置适合的实践岗位，确保学生能够在实践中接触到真实的业务场景和工作内容。

实践课程与项目：设计符合实践岗位要求的实践课程和项目，明确实践目标、任务、步骤和评估标准，确保实践活动的针对性和实效性。

实践教学计划：制订详细的实践教学计划，包括实践时间、地点、指导教师、实践内容、实践方式等方面的安排，确保实践活动的有序进行。

实践过程中加强管理：建立完善的学生管理制度，包括学生考勤、纪律、安全等方面的管理，确保学生在实践过程中能够遵守相关规定和纪律。明确指

导教师的职责和任务，建立指导教师管理制度，确保指导教师能够认真履行职责，为学生提供有效的指导和帮助。加强对实践过程的监督和检查，及时了解学生在实践中的表现和遇到的问题，提供必要的支持和帮助。

第五章　总结

2024 年 2 月 23 日，习近平总书记在中央财经委员会第四次会议上强调，物流是实体经济的“经络”，连接生产和消费、内贸和外贸，必须有效降低全社会物流成本，增强产业核心竞争力，提高经济运行效率。物流降本增效需要人才支撑，而我们承担着培养现代物流人才的重要使命，立足区域经济，培养符合产业需要的复合型、技能型人才，不负所托。

“两业融合”是大环境、大趋势，社会亟须优秀的物流人才去充实两大行业。所以，高职院校的现代物流管理专业建设尤其重要，这是一个长期的过程，需要不断的探索、追求和实践。同时，质量评价体系也需要根据实际社会需求以及高校的建设环境，不断的更新。高校绝不能做封闭的象牙塔，必须让学生了解需求，适应需求，才能为社会提供更好更多的复合型高技能物流人才。

附录一

关于推动先进制造业和现代服务业深度融合发展的实施意见

发改产业〔2019〕1762 号

各省、自治区、直辖市及计划单列市、新疆生产建设兵团有关部门：

先进制造业和现代服务业融合是顺应新一轮科技革命和产业变革，增强制造业核心竞争力、培育现代产业体系、实现高质量发展的重要途径。近年来，我国两业融合步伐不断加快，但也面临发展不平衡、协同性不强、深度不够和政策环境、体制机制存在制约等问题。为推动先进制造业和现代服务业深度融合发展，经中央全面深化改革委员会第十次会议审议同意，现提出以下意见。

一、总体思路和目标

以马克思列宁主义、毛泽东思想、邓小平理论，“三个代表”重要思想、科学发展观和习近平新时代中国特色社会主义思想为指导，坚持以供给侧结构性改革为主线，充分发挥市场配置资源的决定性作用，更好发挥政府作用，顺应科技革命、产业变革、消费升级趋势，通过鼓励创新、加强合作、以点带面，深化业务关联、链条延伸、技术渗透，探索新业态、新模式、新路径，推动先进制造业和现代服务业相融相长、耦合共生。

到 2025 年，形成一批创新活跃、效益显著、质量卓越、带动效应突出的深度融合发展企业、平台和示范区，企业生产性服务投入逐步提高，产业生态不断完善，两业融合成为推动制造业高质量发展的重要支撑。

二、培育融合发展新业态新模式

（一）推进建设智能工厂。大力发展智能化解决方案服务，深化新一代信息技术、人工智能等应用，实现数据跨系统采集、传输、分析、应用，优化生产流程，提高效率和质量。

（二）加快工业互联网创新应用。以建设网络基础设施、发展应用平台体系、提升安全保障能力为支撑，推动制造业全要素、全产业链连接，完善协同应用生态，建设数字化、网络化、智能化制造和服务体系。

（三）推广柔性化定制。通过体验互动、在线设计等方式，增强定制设计能力，加强零件标准化、配件精细化、部件模块化管理，实现以用户为中心的定制和按需灵活生产。

（四）发展共享生产平台。鼓励资源富集企业面向社会开放产品开发、制造、物流配送等资源，提供研发设计、优化控制、设备管理、质量监控等服务，实现资源高效利用和价值共享。

（五）提升总集成总承包水平。支持设计、制造、施工等领域骨干企业整合资源、延伸链条，发展咨询设计、制造采购、施工安装、系统集成、运维管理等一揽子服务，提供整体解决方案。

（六）加强全生命周期管理。引导企业通过建立监测系统、应答中心、追溯体系等方式，提供远程运维、状态预警、故障诊断等在线服务，发展产品再制造、再利用，实现经济、社会生态价值最大化。

（七）优化供应链管理。提升信息、物料、资金、产品等配置流通效率，推动设计、采购、制造、销售、消费信息交互和流程再造，形成高效协同、弹性安全、绿色可持续的智慧供应链网络。

（八）发展服务衍生制造。鼓励电商、研发设计、文化旅游等服务企业，发挥大数据、技术、渠道、创意等要素优势，通过委托制造、品牌授权等方式向制造环节拓展。

（九）发展工业文化旅游。支持有条件的工业遗产和企业、园区、基地等，挖掘历史文化底蕴，开发集生产展示、观光体验、教育科普等于一体的旅游产品，厚植工业文化，弘扬工匠精神。

（十）培育其他新业态新模式。深化研发、生产、流通、消费等环节关联，加快业态模式创新升级，有效防范数据安全、道德风险，实现制造先进精准、服务丰富优质、流程灵活高效、模式互惠多元，提升全产业链价值。

三、探索重点行业重点领域融合发展新路径

（一）加快原材料工业和服务业融合步伐。加快原材料企业向产品和专业服务解决方案提供商转型。加强早期研发介入合作，提供定向开发服务，缩短产品研发周期。鼓励有条件的企业提供社会化能源管理、安全环保、信息化等服务。推动具备区位、技术等优势的钢铁、水泥等企业发展废弃物协同处置、资源循环利用、污水处理、热力供应等服务。

（二）推动消费品工业和服务业深度融合。注重差异化、品质化、绿色化

消费需求，推动消费品工业服务化升级。以服装、家居等为重点，发展规模化、个性化定制。以智能手机、家电、新型终端等为重点，发展“产品+内容+生态”全链式智能生态服务。以家电、消费电子等为重点，落实生产者责任延伸制度，健全废旧产品回收拆解体系，促进更新消费。

（三）提升装备制造业和服务业融合水平。推动装备制造企业向系统集成和整体解决方案提供商转型。支持市场化兼并重组，培育具有总承包能力的大型综合性装备企业。发展辅助设计、系统仿真、智能控制等高端工业软件，建设铸造、锻造、表面处理、热处理等基础工艺中心。用好强大国内市场资源，加快重大技术装备创新，突破关键核心技术，带动配套、专业服务等产业协同发展。

（四）完善汽车制造和服务全链条体系。加快汽车由传统出行工具向智能移动空间升级。推动汽车智能化发展，加快构建产业生态体系。加强车况、出行、充放电等数据挖掘应用，为汽车制造、城市建设、电网改造等提供支撑。加快充电设施建设布局，鼓励有条件的地方和领域探索发展换电和电池租赁服务，建立动力电池回收利用管理体系。规范发展汽车租赁、改装、二手车交易、维修保养等后市场。

（五）深化制造业服务业和互联网融合发展。大力发展“互联网+”，激发发展活力和潜力，营造融合发展新生态。突破工业机理建模、数字孪生、信息物理系统等关键技术。深入实施工业互联网创新发展战略，加快构建标识解析、安全保障体系，发展面向重点行业和区域的工业互联网平台。推动重点行业数字化转型，推广一批行业系统解决方案，推动企业内外网升级改造。加快人工智能、5G等新一代信息技术在制造、服务企业的创新应用，逐步实现深度优化和智能决策。

（六）促进现代物流和制造业高效融合。鼓励物流、快递企业融入制造业采购、生产、仓储、分销、配送等环节，持续推进降本增效。优化节点布局，完善配套设施，加强物流资源配置共享。鼓励物流外包，发展零库存管理、生产线边物流等新型业务。推进智能化改造和上下游标准衔接，推广标准化装载单元，发展单元化物流。鼓励物流企业和制造企业协同“走出去”，提供安全可靠服务。

（七）强化研发设计服务和制造业有机融合。瞄准转型升级关键环节和突出短板，推动研发设计服务与制造业融合发展、互促共进。引导研发设计企业与制造企业嵌入式合作，提供需求分析、创新试验、原型开发等服务。开展制造业设计能力提升专项行动，促进工业设计向高端综合设计服务转型。完善知识产权交易和中介服务体系，推进创新成果转移转化。

（八）加强新能源生产使用和制造业绿色融合。顺应分布式、智能化发展趋势，推进新能源生产服务与设备制造协同发展。推广智能发电、智慧用能设备系统，推动能源高效管理和交易。发展分布式储能服务，实现储能设施混合配置、高效管理、友好并网。加强工业设备、智能家电等用电大数据分析，优化设计，降低能耗。推动氢能产业创新、集聚发展，完善氢能制备、储运、加注等设施和服务。

（九）推进消费服务重点领域和制造业创新融合。满足重点领域消费升级需求，推动智能设备产业创新发展。重点发展手术机器人、医学影像、远程诊疗等高端医疗设备，可穿戴监测、运动、婴幼儿监护、适老化健康养老等智能设备，开展健康管理、运动导向、精准照护等增值服务，逐步实现设备智能化、生活智慧化。鼓励增强／虚拟现实等技术在购物、广电等场景中的应用。

（十）提高金融服务制造业转型升级质效。坚持金融服务实体经济，创新产品和服务，有效防范风险，规范产融结合。依托产业链龙头企业资金、客户、数据、信用等优势，发展基于真实交易背景的票据、应收账款、存货、预付款项融资等供应链金融服务。鼓励发展装备融资租赁业务。

四、发挥多元化融合发展主体作用

（一）强化产业链龙头企业引领作用。在产品集成度、生产协作度较高的领域，培育一批处于价值链顶部、具有全产业链号召力和国际影响力的龙头企业。发挥其产业链推动者作用，在技术、产品、服务等领域持续创新突破，深化与配套服务企业协同，引领产业链深度融合和高端跃升。

（二）发挥行业骨干企业示范效应。在技术相对成熟、市场竞争充分的领域，培育一批创新能力和品牌影响力突出的行业领军企业。鼓励其先行探索，发展专业化服务，提供行业系统解决方案。引导业内企业积极借鉴、优化创新，形成差异化的融合发展模式路径。

（三）激发专精特新中小微企业融合发展活力。发挥中小微企业贴近市场、机制灵活等优势，引导其加快业态模式创新，在细分领域培育一批专精特新“小巨人”和“单项冠军”企业。以国家级新区、产业园区等为重点，完善服务体系，提升服务效能，推动产业集群融合发展。

（四）提升平台型企业和机构综合服务效能。坚持包容审慎和规范监管，构建若干以平台型企业为主导的产业生态圈，发挥其整合资源、集聚企业的优势，促进产销精准连接、高效畅通。鼓励建立新型研发机构，适应技术攻关、成果转化等需求。加快培育高水平质量技术服务企业和机构，提供优质计量、标准、检验检测、认证认可等服务。

（五）释放其他各类主体融合发展潜力。引导高等院校、职业学校以及科研、咨询、金融、投资、知识产权等机构，发挥人才、资本、技术、数据等优势，积极创业创新，发展新产业新业态。发挥行业协会在协调服务等方面的重要作用，鼓励建立跨区域、跨行业、跨领域的新型产业联盟。

五、保障措施

（一）优化发展环境。清理制约两业融合发展的规章、规范性文件和其他政策措施。放宽市场准入，深化资质、认证认可管理体制改革。改革完善招投标制度。推动政府数据开放共享，发挥社会数据资源价值，推进数据资源整合和安全保护。建立消费网络平台产品质量管控机制。加快建立推广适应工业互联网和智能应用场景需求的设备、产品统一标识标准体系。研究支持制造领域服务出口政策。完善政府采购相关政策。支持有条件的地方开展融合发展统计监测和评价体系研究。依法规范加强反垄断和反不正当竞争执法。建立创新高效协同的两业融合工作推进机制。

（二）强化用地保障。鼓励地方创新用地供给，盘活闲置土地和城镇低效用地，实行长期租赁、先租后让、租让结合等供应方式，保障两业融合发展用地需求。鼓励地方探索功能适度混合的产业用地模式，同一宗土地上兼容两种以上用途的，依据主用途确定供应方式，主用途可以依据建筑面积占比或功能重要性确定。符合产业和用地政策，具备独立分宗条件的宗地可以合并、分割。对企业利用原有土地建设物流基础设施，在容积率调整、规划许可等方面给予支持。

（三）加大金融支持。鼓励金融机构结合职能定位，按照商业化原则，向两业融合发展企业和项目提供适应其生产和建设周期特点的中长期融资，稳妥开展并购贷款业务，积极支持开展供应链金融服务。支持符合条件的企业上市融资和发行企业债券、公司债券、非金融企业债务融资工具。建立知识产权质押信息平台，扩大知识产权质押融资规模。

（四）加强人力资源保障。改革完善人才管理评价制度，探索建立复合型人才评价和职业发展通道体系。完善学科专业体系，深化职业教育改革，深入推进产教融合，提升校企合作水平，建设一批产教融合型企业和实训基地，推行现代学徒制和企业新型学徒制，加快创新型、技能型人才培养。发挥领军人物重要作用，加快培养引进中高级经营管理、技术技能人才。

（五）开展两业融合试点。支持有条件的城市、产业园区，开展区域融合发展试点，在创新管理方式、完善工作机制和创新用地、统计、市场监管等方面先行先试。鼓励重点行业和领域代表性企业开展行业、企业融合发展试点，探索可行模式路径，加快行业转型升级，建设世界一流企业。

推动先进制造业和现代服务业深度融合发展，要加强组织领导，强化主体责任。各部门要加快出台配套政策和细则，加强业务指导；各地方要认真落实本意见要求，推动开展试点，及时研究解决实施过程中遇到的重大问题，适时总结好的经验和做法，按程序报告。

国家发展和改革委员会 工业和信息化部 中央网信办 教育部 财政部
人力资源和社会保障部 自然资源部 商务部 人民银行 市场监管总局
统计局 版权局 银保监会 证监会 知识产权局
2019 年 11 月 10 日

附录二

推动物流业制造业深度融合创新发展实施方案

2020

物流业是支撑国民经济发展的基础性、战略性、先导性产业，制造业是国民经济的主体，是全社会物流总需求的主要来源。推动物流业制造业融合发展，是深化供给侧结构性改革，推动经济高质量发展的现实需要；是进一步提高物流发展质量效率，深入推动物流降本增效的必然选择；是适应制造业数字化、智能化、绿色化发展趋势，加快物流业态模式创新的内在要求。当前，我国物流业制造业融合发展趋势不断增强，在推动降低制造业成本水平等方面取得积极成效，但融合层次不够高、范围不够广、程度不够深，与促进形成强大国内市场，构建现代化经济体系的总体要求还不相适应。为进一步深入推动物流业制造业深度融合、创新发展，保持产业链供应链稳定，推动形成以国内大循环为主体、国内国际双循环相互促进的新发展格局，特制订本方案。

一、总体要求

（一）指导思想。以马克思列宁主义、毛泽东思想、邓小平理论“三个代表”重要思想、科学发展观和习近平新时代中国特色社会主义思想为指导，全面贯彻党的十九大和十九届二中、三中、四中全会精神，牢固树立和深入践行新发展理念，紧紧围绕高质量发展要求，以深化供给侧结构性改革为主线，充分发挥市场在资源配置中的决定性作用，更好发挥政府作用，统筹推动物流业降本增效提质和制造业转型升级，促进物流业制造业协同联动和跨界融合，延伸产业链，稳定供应链，提升价值链，为实体经济高质量发展和现代化经济体系建设奠定坚实基础。

（二）发展目标。到2025年，物流业在促进实体经济降本增效、供应链协同、制造业高质量发展等方面作用显著增强。探索建立符合我国国情的物流业与制造业融合发展模式，制造业供应链协同发展水平大幅提升，精细化、高品质物流服务供给能力明显增强，主要制造业领域物流费用率不断下降；培育形成一批物流业制造业融合发展标杆企业，引领带动物流业制造业融合水平显著提升；

初步建立制造业物流成本核算统计体系，对制造业物流成本水平变化的评估监测更加及时、准确。

二、紧扣关键环节，促进物流业制造业融合创新

（三）促进企业主体融合发展。支持物流企业与制造企业通过市场化方式创新供应链协同共建模式，建立互利共赢的长期战略合作关系，进一步增强响应市场需求变化、应对外部冲击的能力，提高核心竞争力。引导制造企业结合实际系统整合其内部分散在采购、制造、销售等环节的物流服务能力，以及铁路专用线、仓储、配送等存量设施资源，向社会提供专业化、高水平的综合物流服务。（各部门按职能分工负责）

（四）促进设施设备融合联动。在国土空间规划和产业发展规划中加强物流业制造业有机衔接，统筹做好工业园区等生产制造设施，以及物流枢纽、铁路专用线等物流基础设施规划布局和用地用海安排。（国家发展改革委员会、工业和信息化部、自然资源部、交通运输部、国家邮政局、国家铁路集团按职责分工负责）积极推进生产服务型国家物流枢纽建设，充分发挥国家物流枢纽对接干线运力、促进资源集聚的显著优势，支撑制造业高质量集群化发展。（国家发展改革委员会、交通运输部、国家邮政局负责）支持大型工业园区新建或改扩建铁路专用线、仓储、配送等基础设施，吸引第三方物流企业进驻并提供专业化物流服务。（国家发展改革委员会、工业和信息化部、国家邮政局、国家铁路集团按职责分工负责）

（五）促进业务流程融合协同。推动制造企业与第三方物流、快递企业密切合作，在生产基地规划、厂内设施布局、销售渠道建设等方面引入专业化物流解决方案，结合生产制造流程合理配套物流设施设备，具备条件的可结合实际共同投资建设专用物流设施。加快发展高品质、专业化定制物流，引导物流、快递企业为制造企业量身定做供应链管理库存、线边物流、供应链一体化服务等物流解决方案，增强柔性制造、敏捷制造能力。（国家发展改革委员会、工业和信息化部、商务部、国家邮政局按职责分工负责）

（六）促进标准规范融合衔接。建立跨部门工作沟通机制，对涉及物流业制造业融合发展的国家标准、行业标准和地方标准，在立项、审核、发布等环节广泛听取相关部门意见，加强标准规范协调衔接；支持行业协会等社会团体结合实际研究制定物流业制造业融合发展的团体标准，引导和规范物流业制造业融合创新。鼓励制造企业在产品及包装设计、生产中充分考虑物流作业需要，

采用标准化物流装载单元，促进 1200mm×1000mm 标准托盘和 600mm×400mm 包装基础模数从商贸、物流等领域向制造业领域延伸，提高托盘、包装箱等装载单元标准化和循环共用水平。（国家发展改革委员会、工业和信息化部、交通运输部、商务部、国家市场监督管理总局、国家邮政局按职责分工负责）

（七）促进信息资源融合共享。促进工业互联网在物流领域融合应用，发挥制造、物流龙头企业示范引领作用，推广应用工业互联网标识解析技术和基于物联网、云计算等智慧物流技术装备，建设物流工业互联网平台，实现采购、生产、流通等上下游环节信息实时采集、互联共享，推动提高生产制造和物流一体化运作水平。推动将物流业与制造业深度融合信息基础设施纳入数字物流基础设施建设，夯实信息资源共享基础。支持大型工业园区、产业集聚区、物流枢纽等依托专业化的第三方物流信息平台实现互联互通，面向制造企业特别是中小型制造企业提供及时、准确的物流信息服务，促进制造企业与物流企业高效协同。积极探索和推进区块链、第五代移动通信技术（5G）等新兴技术在物流信息共享和物流信用体系建设中的应用。（国家发展改革委员会、工业和信息化部、交通运输部、国家邮政局按职责分工负责）

三、突出重点领域，提高物流业制造业融合水平

（八）大宗商品物流。推动和支持钢铁、有色金属、建材等大型制造业企业和工业园区提高煤炭、原油、矿石、粮食等大宗商品中长期运输合同比例以及铁路、水路等清洁运输比例。扩大面向大型厂矿、制造业基地的“点对点”直达货运列车开行范围。鼓励铁路、水路运输企业与制造业大客户签订量价互保协议，实现互惠共赢。依托具备条件的国家物流枢纽发展现代化大宗商品物流中心，促进大宗商品物流降本增效。（国家发展改革委员会、工业和信息化部、交通运输部、国家铁路集团按职责分工负责）

（九）生产物流。鼓励制造业企业适应智能制造发展需要，开展物流智能化改造，推广应用物流机器人、智能仓储、自动分拣等新型物流技术装备，提高生产物流自动化、数字化、智能化水平。加强大型装备等大件运输管理和综合协调，不断优化跨省大件运输并联许可服务。加快商品车物流基地建设，优化铁路运输组织模式，稳定衔接车船班期，提高商品车铁路、水路运输比例；优化商品车城市配送通道，便利合规车辆运输车通行。（国家发展改革委员会、工业和信息化部、公安部、交通运输部、国家邮政局、国家铁路集团按职责分工负责）

（十）消费物流。鼓励邮政、快递企业针对高端电子消费产品、医药品等单位价值较高以及纺织服装、工艺品等个性化较强的产品提供高品质、差异化寄递服务，促进精益制造和定制化生产发展。稳步推进国家骨干冷链物流基地建设，推动提高生鲜农产品产业化发展水平。推动构建全国性、区域性冷链物流公共信息平台，促进相关企业数据交换，逐步实现冷链信息全程透明化和可追溯。鼓励企业根据市场需求，提升港区及周边冷链存储能力。支持生鲜农产品及食品全程冷链物流体系建设，加快农产品产地“最先一公里”预冷、保鲜等商品化处理和面向城市消费者“最后一公里”的低温加工配送设施建设。（国家发展改革委员会、工业和信息化部、交通运输部、农业农村部、商务部、国家市场监督管理总局、国家邮政局按职责分工负责）

（十一）绿色物流。引导制造企业在产品设计、制造等环节充分考虑全生命周期物流跟踪管理，推动产品包装和物流器具绿色化、减量化、循环化。鼓励企业针对家用电器、电子产品、汽车等废旧物资构建线上线下融合的逆向物流服务平台和回收网络，促进资源循环利用以及逆向物流、再制造发展。支持具备条件的城市和制造、商贸企业开展逆向物流试点，探索符合我国国情的逆向物流发展模式。（国家发展改革委员会、工业和信息化部、商务部、国家邮政局按职责分工负责）

（十二）国际物流。发挥国际物流协调保障机制、全国现代物流工作部际联席会议等作用，加强顶层设计，构建现代国际物流体系，保障进口货物进得来，出口货物出得去。加强国际航空、海运、中欧班列等国际干线物流通道以及物流枢纽、制造业园区统筹布局和协同联动，支持外向型制造企业发展。支持制造企业利用中欧班列拓展“一带一路”沿线国家市场。加快培育与我国生产制造、货物贸易规模相适应的骨干海运企业和国际海运服务能力。围绕国际产能和装备制造合作重点领域，鼓励骨干制造企业与物流、快递企业合作开拓国际市场，培育一批具有全球采购、全球配送能力的国际供应链服务商。发展面向集成电路、生物制药、高端电子消费产品、高端精密设备等高附加值制造业的全流程航空物流，促进“买全球”“卖全球”。支持邮政、快递企业与制造企业深度合作，打造安全可靠的国际国内生产型寄递物流体系。（国家发展改革委员会、工业和信息化部、交通运输部、商务部、民航局、国家邮政局、国家铁路集团按职责分工负责）

（十三）应急物流。研究制订健全应急物流体系的实施方案，建立以企业为主体的应急物流队伍，在发生重大突发事件时确保主要制造产业链平稳运行。支持物流、快递企业和应急物资制造企业深度合作，研究制订应急保障预案，提高紧急情况下关键原辅料、产成品等调运效率。补齐医疗等应急物资储备设施短板，完善医疗等应急物资储备体系，提高实物储备和产能储备能力。在工业园区等生产制造设施、物流枢纽等物流基础设施规划布局、功能设计中充分考虑产品生产、调运及原辅料供应保障等需要，确保紧急情况下物流通道畅通，增强相关制造产业链在受到外部冲击时的快速恢复能力。（国家发展改革委员会、工业和信息化部、自然资源部、交通运输部、国家邮政局、国家铁路集团按职责分工负责）

四、加强统筹引导，优化融合发展的政策环境

（十四）营造良好市场环境。深入推进“放管服”改革，对物流业制造业融合发展新业态、新模式实施包容审慎监管。取消不合理的市场准入限制，确保各类市场主体平等参与市场竞争。严格落实国务院和相关部门已出台的物流降成本措施，为物流业制造业融合创新发展创造良好条件。支持行业协会加强行业自律和诚信建设，持续改善物流行业信用环境，增强制造企业与物流企业战略合作的信心和意愿。（各相关部门按职责分工负责）

（十五）加大政策支持力度。充分利用现有政策渠道支持物流标准化设施设备推广、铁路专用线建设、农产品冷链物流发展等。鼓励有条件的制造企业剥离物流资产成立独资或合资物流企业，符合条件的按照有关规定享受财税政策。支持制造企业在不改变用地主体和规划条件的前提下，利用存量厂房、土地资源发展生产性物流服务，其土地用途可暂不变更。加快修订铁路专用线管理相关文件，完善专用线共建共用机制，规范专用线收费项目标准和收费行为。（国家发展改革委员会、工业和信息化部、财政部、自然资源部、国家铁路局、国家铁路集团按职责分工负责）

（十六）创新金融支持方式。鼓励银行保险机构按照风险可控、商业可持续的原则，开发服务物流业制造业深度融合的金融产品和服务。鼓励供应链核心制造企业或平台企业与金融机构深度合作，整合物流、信息流、资金流等信息，为包括物流、快递企业在内的上下游企业提供增信支持，妥善促进供应链金融发展。支持社会资本设立物流业制造业融合发展产业投资平台，拓宽融资支持渠道。（国家发展改革委员会、中国银保监会按职责分工负责）

（十七）发挥示范引领作用。支持骨干物流、快递、制造企业兼并重组、

做大做强，在危化品物流、逆向物流及服务先进制造等专业化程度高的领域培育形成一批技术水平高、服务能力强的企业，打造物流业制造业融合创新品牌。研究修订推荐性国家标准《企业物流成本构成与计算》，选取若干企业开展物流成本统计核算试点，研究建立制造业物流成本核算统计体系。鼓励龙头企业发起成立物流业制造业融合创新发展专业联盟，促进协同联动和跨界融合。在重点领域梳理一批物流业制造业深度融合创新发展典型案例，总结推广物流降成本、改造提升传统制造业等方面的成功经验。（国家发展改革委员会、工业和信息化部、交通运输部、国家市场监督管理总局、国家邮政局按职责分工负责）

（十八）强化组织协调保障。依托全国现代物流工作部际联席会议机制推进物流业制造业融合发展，加强跨部门政策统筹和工作协调，及时研究解决物流业制造业融合发展面临的突出问题，营造良好政策环境。充分利用科研院校、骨干企业等社会研究力量，搭建覆盖产学研用的咨询服务平台，为促进物流业制造业融合发展提供智力支持。依托主要行业协会建立物流业制造业融合发展动态监测和第三方评估机制，研究制定融合发展统计和评价体系，定期发布研究报告，为相关政府部门决策提供参考，引导行业健康发展。（各相关部门按职责分工负责）

参考文献

[1] 国家发展和改革委员会产业发展司 . 推动先进制造业和现代服务业深度融合发展的探索与实践 [M]. 北京：中国计划出版社 ,2023.

[2] 中国物流与采购联合会 . 中国物流发展报告 2022—2023[M]. 北京：中国财富出版社有限公司，2023.

[3] 喻珊 .“两业融合”背景下现代物流管理人才培养研究——以广东高职院校为例 [J]. 汽车教育，2022（10）.

[4] 赵伶珊 . 两业融合背景下高职物流专业多元化课程开发建设初探 [J]. 物流工程与管理，2023（7）.

[6] 辛明 . 物流业与制造业融合发展研究回顾、反思与展望 [J]. 全国流通经济，2022（27）.

[7]GB/T 1.1—2020 人力资源社会保障部职业能力建设司 . 国家职业技能标准汇编（2022 年版）[M]. 背景：中国劳动社会保障出版社，2023.10.

[8]GB/T 1.1—2020 北京京东乾石科技有限公司 . 智能仓储大数据分析职业技能等级标准 [S].2021.

[9] 唐军荣，张利分 . 两业融合背景下高职院校师资队伍建设研究 [J]. 物流工程与管理 .2022（9）:179-181.

[10] 张庆梅 .“两业”融合背景下智慧物流复合型人才培养模式探索 [J]. 中国培训，2024（04）:101-103.

[11] 何晓雁 . 服务智能制造的智慧物流人才供求状况研究 [J]. 商场现代化，2022（23）:15-17.

[12] 王娟 . 基于两业融合的智慧物流人才培养探索与思考 [J]. 中国储运，2022（11）:99-100.

[13] 阮晓芳，蓝程杰，尚书山 . 两业融合背景下“双高”专业建设路径探索——以广西职业技术学院现代物流管理专业为例 [J]. 中国储运，2022（09）:60-61.

[14] 张莉，冯朝军 . 两业融合背景下物流业的就业分析 [J]. 物流工程与

管理，2022，44（09）:11-15.

[15] 蔡丽艳．物流业制造业融合发展背景下福建省现代物流管理专业实践教学改革研究 [J]. 物流工程与管理，2024，46（05）:112-115.

[16] 马翔，姚斌．制造业物流业融合背景下课程思政建设研究——以“智能物流技术与装备”课程为例 [J]. 教育教学论坛，2022（13）:141-144.

[17] 周培，马莉．智慧物流与智能制造两业融合背景下现代物流管理专业的质量评价研究 [J]. 中国商论，2022（16）:31-34.

[18] 周培，马莉．两业融合背景下现代物流管理专业的质量评价研究 [J]. 物流科技，2023，46（05）:150-153.

[19] 穆标．智慧物流与智能制造两业融合背景下高校物流管理人才培养探究 [J]. 物流工程与管理，2024，46（03）:113-115.

[20] 穆标．智慧物流与智能制造两业融合背景下高校物流管理人才培养探究 [J]. 物流工程与管理，2024，46（03）:113-115.

[21] 宁振波． 智能制造的本质 [M]. 机械工业出版社， 2021.11

[22] 龚光富等． 智慧物流：数字经济驱动物流行业转型升级 [M]. 中国友谊出版公司． 2022.9

[23] 高晓红，俞海宏． 宁波制造业与物流业联动发展的现状与策略 [J]. 科技管理研究，2010，30（20）： 71-73，88.

[24] 黄有方，严伟．我国制造业与物流业联动发展的趋势及建议 [J]. 上海海事大学学报，2010，31（1）：1-6.

[25] 张彩霞，肖望喜．衡阳市物流业与制造业融合发展研究 [J]. 合作经济与科技，2022（1）： 42-43.

[26] 邹方园．“互联网 +”制造业与物流业协同联动发展研究 [J]. 全国流通经济，2020（33）： 120-122.

[27] 葛家怡，吴婷． 广东省制造业与物流业协同升级研究 [J]. 商业经济，2021（5）：64-66.

[28] 高祎晗，乔占军． 河南省物流业与制造业联动发展研究：基于邓氏灰色关联分析视角 [J]. 当代经济，2021（1）：68-70.

[29] 赵英姝，吴占坤，汤良． 基于信息平台的物流业与制造业协同联动发展研究 [J]. 商业经济，2018（12）：30-32.

[30] 朱莉，金丹丹，陈蕾． 低碳经济下制造业与物流业协调发展研究：

基于江苏省数据的实证分析 [J]. 物流技术，2014，33（3）：207-211.

[31] 褚衍昌，连文浩，严子淳．基于 DEA-GRA 双层模型的制造业与物流业联动效率测度 [J]. 统计与决策，2021，37（1）：182-186.

[32] 张中强．基于管理维度的制造业与物流业协同创新研究 [J]. 科技进步与对策，2012，29（22）：95-98.

[33] 李煜，骆温平，刘华荣．基于全要素生产率的我国物流业与制造业联动研究 [J]. 物流技术，2014，33（19）：141-143，158.

[34] 张彤．价值链嵌入视角下的制造业与物流业互动升级 [J]. 中国流通经济，2016，30（5）：18-24.

[35] 张林．区域制造业与物流业联动发展的分析研究：基于供需耦合系统 [J]. 技术经济与管理研究，2016（7）：120-124.

[36] 刘志贻，陈烦．构建新发展格局下物流业与制造业深度融合发展研究 [J]. 价格月刊，2022（3）：89-94.

[37] 田刚，庄晋财，罗建强，等．物流业与制造业共生关系演化的路径及实现机制研究 [J]. 学习与实践，2013（7）：31-37.

[38] 赵英姝，吴占坤，赵淑雯．制造业与物流业联动发展对策研究 [J]. 边疆经济与文化，2022（6）：9-11.

[39] 周鲁柱．制造业与物流业联动发展及其对策 [J]. 价格月刊，2015（3）：65-67.

[40] 梁红艳．中国制造业与物流业融合发展的演化特征、绩效与提升路径 [J]. 数量经济技术经济研究，2021，38（10）：24-45.